essen&leben

AMERIKA

Das Kochbuch

Edition
Fackelträger

Rezepte: Sylvia Winnewisser

Weinempfehlungen: Hanseatisches Wein & Sekt Kontor * Hawesko GmbH, Hamburg

Coverfoto (oben): FAN Travelstock, Hamburg, Germany

Fotos: TLC Fotostudio

Digitale Bildbearbeitung: Helmut van der Beck

Gesamtherstellung: Fackelträger Verlag GmbH

ISBN 978-3-7716-4350-8

www.fackeltraeger-verlag.de

essen&leben

AMERIKA

Das Kochbuch

Edition
Fackelträger

Inhaltsverzeichnis

Vorwort

So weit wie das Land, so vielfältig und abwechslungsreich ist die Küche Amerikas. Der berühmte „melting pot of nations“ ist auch in kulinarischer Hinsicht ein echter „Schmelztiegel der Nationen“.

Regionale Traditionen, ein lebendiges Brauchtum und die überlieferten Kochstile der unterschiedlichen Einwanderergruppen fügen sich im Land der unbegrenzten Möglichkeiten zu einem unverwechselbaren kulinarischen Spektrum zusammen, das für jeden Geschmack etwas zu bieten hat.

Ob an die Ost- oder Westküste, nach Nord- oder Südamerika – wohin man auch kommt in diesem weiten und fruchtbaren Land, die Küche ist vielfältig, und fantasievoll sind die Speisen zubereitet. Und zu jeder Tageszeit, vom Breakfast über den Lunch bis zum Dinner, zeigt sich der „american way of life“ in der Art des Essens. Wir laden Sie ein zu einer Reise durch das große Land Amerika. Folgen Sie uns, und probieren Sie die vielen ursprünglichen Gerichte, die in diesem Buch zusammengetragen sind.

Vorwort

Die Essensgewohnheiten in Amerika sind so unterschiedlich wie die Menschen selbst. Hier der geschäftige Business-Mensch, immer im Zeitdruck, dort der Cowboy zu Pferde, weitgehend im Einklang mit der Natur.

Entsprechend werden die Mahlzeiten dem Tagesrhythmus angepasst. Unter der Woche fallen Frühstück und Lunch eher spärlich aus. Man begnügt sich mit einer Suppe oder einem Sandwich, das dafür aber köstlich belegt ist. Das Dinner am Abend wird bei vielen Berufstätigen zur Hauptmahlzeit des Tages. Am Wochenende trifft man sich gerne mit Freunden zum Brunch oder genießt das Familienleben zu Hause. Des Amerikaners liebstes Freizeitvergnügen sind Picknick und Barbecue. An Sonn- und Feiertagen sieht man in Parks und Gärten die Grillgeräte dampfen, und der verlockende Geruch nach Grillfleisch liegt in der Luft. Was es an Zutaten gibt, kommt meist aus dem Land selbst. Fleisch, Fisch, Geflügel, Getreide, Gemüse und Obst – es gibt nichts, was es hier nicht gibt.

Breakfast und Brunch

Sind Sie der süße Typ oder mögen Sie es lieber herzhaft? Frühstück auf amerikanische Art bietet für jeden Geschmack etwas.

Das Frühstück in den USA fällt sehr individuell aus: Dem einen reicht ein Glas O-Saft mit einer Schüssel Cereal (Getreideflocken), ein anderer verzehrt mit Appetit Spiegeleier, knusprig gebratene Speckscheiben und Bratkartoffeln. Wer zu wenig Zeit für ein Frühstück im Coffee Shop hat, holt sich in der Bäckerei eine Tüte Donuts oder im Deli einen Bagel mit Frischkäseaufstrich.

Regionale Vorlieben sorgen dafür, dass in Texas Huevos Rancheros (Eier in Chilisauce) auf den Tisch kommen. In New York mag man Bagel mit Frischkäse, im Süden ersetzt Grits (Maisgrütze) die Bratkartoffeln. Und die fitte kalifornische Hausfrau mixt sich nach dem Walken vielleicht einen fruchtigen Smoothie-Eiweißdrink!

Ob nun zuhause oder unterwegs, ob im Süden oder Norden: Getrunken wird zum Frühstück vor allem Kaffee, selten Tee oder Kakao. Der amerikanische Kaffee ist wesentlich schwächer als der europäische. Ihr Koffein-Quantum bekommen die US-Bürger trotzdem, denn im Restaurant, Diner oder Coffee Shop gibt es in der Regel free refill – es wird nachgeschenkt, so oft der Gast möchte.

Breakfast und Brunch

Nach der werktäglichen Hektik kommt am Wochenende ein Brunch gerade richtig – ein ausgedehntes, spätes Frühstück, die Kombination aus Breakfast und Lunch.

Das tradionelle amerikanische Frühstück mit Eiern oder Omeletts, Speck oder Würstchen, Kartoffeln oder Pfannkuchen ist herz- und nahrhaft – zu nahrhaft, wenn der Arbeitsplatz ein Schreibtisch und kein Pferderücken ist! Die überwiegende Mehrheit der US-Bürger frühstückt also unter der Woche sparsamer, ob nun aus gestiegenem Ernährungsbewusstsein oder schlichtweg aus Zeitmangel.

Am Sonntag trifft man sich dagegen gerne mit Familien und Freunden zum ausgiebigen Brunch. Viele US-Familienrestaurants bieten Buffets mit einer beeindruckenden Auswahl von herzhaften Gerichten, Eierspeisen, Suppen, süßem Gebäck und Obstsalat an. Für wenige Dollar können Sie sich an Eggs Benedict oder pikanten Aufläufen satt essen, Shrimpscocktail oder Hühnchensalat probieren und als Dessert Schokokuchen oder frische Früchte naschen.

MUFFINS MIT SCHOKOSTÜCKCHEN

MUFFINS MIT ÄPFELN UND NÜSSEN

MUFFINS MIT CRANBERRIES UND JOGHURT

HAFERMUFFINS MIT ROSINEN

MUFFINS MIT GERIEBENEN MÖHREN UND ZUCCHINI

MUFFINS MIT SPECK UND KÄSE

Blaubeer-Muffins

Maine

Für 12 Stücke
125 g Butter
175 g Zucker*
1 Tl Vanillinzucker*
1 Ei
125 ml Buttermilch
½ Tl abgeriebene Zitronenschale
225 g Mehl
25 g Maismehl
1 Tl Backpulver
½ Tl Salz
1 Msp. Zimt
250 g Blaubeeren (frisch oder TK)*

Zubereitungszeit 20 Minuten (plus Backzeit)
Pro Stück ca. 229 kcal/961 kJ
3 g E · 9 g F · 32 g KH

Blaubeer-Muffins
Die Butter zerlassen und mit 150 g Zucker und Vanillinzucker verrühren. Das Ei und die Buttermilch hinzufügen und die Zitronenschale unterheben. Mehl mit Maismehl, Backpulver, Salz und Zimt mischen und unter die Milchmischung rühren.

Den Backofen auf 180 °C (Umluft 160 °C) vorheizen. Eine Muffinform einfetten oder mit Papierförmchen auslegen.

Die Blaubeeren verlesen, waschen und gut abtropfen lassen. Tiefgekühlte Blaubeeren nicht auftauen lassen. Die Beeren unter den Muffinteig heben. Die Muffinformen zu zwei Dritteln mit dem Teig füllen und mit restlichem Zucker bestreuen.

Die Muffins im Ofen auf der mittleren Schiene etwa 25 Minuten goldbraun backen. Stäbchenprobe machen

* Die mit einem Sternchen versehenen Zutaten können ausgetauscht werden. Gewürze und Kräuter je nach Belieben.

Haferbrei mit Nüssen und Ahornsirup

Minneso

Haferbrei mit Nüssen und Ahornsirup

Den Apfelsaft mit 125 ml Wasser, Zimt und Salz in einem Edelstahltopf zum Kochen bringen. Die Haferflocken und die Cranberries hinzufügen und den Ahornsirup unterrühren.

Für 4 Portionen
625 ml Apfelsaft
1/2 Tl gemahlener Zimt
1 Prise Salz
140 g Haferflocken
70 g getrocknete Cranberries
3 El Ahornsirup
70 g gehackte Pecannüsse
Sahne und brauner Zucker zum Servieren

Zubereitungszeit 15 Minuten (plus Kochzeit)
Pro Portion ca. 332 kcal/1394 kJ
6 g E · 15 g F · 40 g KH

Die Mischung nochmals aufkochen lassen und unter mehrmaligem Rühren etwa 10 Minuten köcheln.

Zuletzt die gehackten Nüsse unterheben und servieren. Zu diesem Haferbrei schmecken Schlagsahne und brauner Zucker oder zusätzlich Ahornsirup.

Ahornsirup ist der eingekochte Saft von Ahornbäumen. Der aromatische, dickflüssige Sirup schmeckt hervorragend über Eis und Pfannkuchen und wird gern zum Backen und in Desserts verwendet. Seine Herstellung läuft heute im Prinzip noch genauso ab wie seinerzeit bei den nordamerikanischen Indianern: Im Frühling werden die Bäume angebohrt, der abfließende Saft gesammelt und durch Kochen eingedickt.

Donuts oder **Doughnuts** (engl. = Teignüsse) sind frittierte Krapfen aus Hefe- oder anderem Teig, den deutschen Pfannkuchen gar nicht unähnlich. Was sie von den Berlinern unterscheidet, ist das Loch in der Mitte. Die Aussparung verleiht den Donuts die ideale Form für das Eintauchen (dunking) in Kaffee – eine Erfindung, die den aus Holland eingewanderten Pennsylvania Dutch zugeschrieben wird.

- Für 12 Stücke
- 2 El Butter
- 200 g brauner Zucker
- 2 Eier
- 700 g Mehl
- 4 El Backpulver
- ½ Tl Salz
- ½ Tl Muskatnuss
- ½ Tl Zimt
- 250 ml Milch
- Fett zum Frittieren
- Puderzucker
- dunkle Kuvertüre

Zubereitungszeit 30 Minuten
(plus Ruhe- und Ausbackzeit)
Pro Stück ca. 305 kcal/1281 kJ
7 g E · 3 g F · 59 g KH

Donuts mit Schokolade

Pennsylvania

Donuts mit Schokolade
Die Butter mit dem Zucker und den Eiern in einer Schüssel schaumig schlagen. Das Mehl mit Backpulver, Salz, Muskat und Zimt mischen. Die Butter-Eier-Mischung mit dem Mehl verrühren und langsam die Milch hinzufügen. Alles zu einem glatten Teig verarbeiten.

Den Teig auf einer Arbeitsfläche etwa 2 cm dick ausrollen. Mit zwei verschieden großen Gläsern oder einem Donutausstecher Kreise ausstechen und etwa 30 Minuten ruhen lassen.

In einem breiten Topf reichlich Fett zum Frittieren auf 180 °C erhitzen. Die Donuts im heißen Fett von jeder Seite etwa 5 Minuten goldbraun ausbacken. Wenn sie an der Oberfläche schwimmen, wenden. Auf Küchenpapier abtropfen lassen.

Mit Puderzucker bestreuen oder mit geschmolzener Kuvertüre bestreichen.

Speckkuchen

Kansas

Speckkuchen

Den Backofen auf 190 °C (Umluft 170 °C) vorheizen. Aus Mehl, Butter, Salz und 125 ml Wasser einen Mürbeteig herstellen und in Folie gewickelt 30 Minuten ruhen lassen. Den Teig ausrollen und in eine gefettete Springform (24 cm Ø) füllen. Mit Pergamentpapier belegen, die Backerbsen darauf geben und den Teig hellbraun blindbacken. Danach die Erbsen entfernen.

Den Speck würfeln, die Zwiebel schälen und fein hacken. Die Speckwürfel in einer Pfanne auslassen und die Zwiebel darin glasig dünsten. Abkühlen lassen. Den Käse reiben, den Schinken in Würfel schneiden und mit den Speckzwiebeln und dem Käse mischen.

Die Eier mit Milch und Gewürzen verquirlen. Zuerst die Speck-Schinken-Käse-Mischung auf den Boden geben, dann die Eier-Milch-Masse darüber gießen. Den Kuchen im Ofen etwa 30 Minuten goldbraun backen.

Für 12 Stücke
300 g Mehl
100 g Butter
Salz
6 Scheiben geräucherter Speck
1 Zwiebel
400 g Gruyère
125 g gekochter Schinken
4 Eier
200 ml Milch
Salz, Pfeffer
gemahlene Muskatnuss
Backerbsen
Pergamentpapier

Zubereitungszeit 30 Minuten
(plus Back- und Schmorzeit)
Pro Stück ca. 255 kcal/1071 kJ
16 g E - 12 g F - 19 g KH

BANANENPFANNKUCHEN

MINI-BLAUBEERPFANNKUCHEN

BIRNENPFANNKUCHEN MIT LEBKUCHEN

APFELPFANNKUCHEN

BUCHWEIZENPFANNKUCHEN

BUTTERMILCHPFANNKUCHEN MIT MAIS

Kürbispfannkuchen

Oregon

Für 4 Portionen
4 Eier
100 g gekochtes Kürbisfleisch*
500 ml Milch*
4 El Butter
250 g Mehl*
4 Tl Backpulver
4 El Zucker*
Salz
Zimt
50 ml Öl zum Braten

Zubereitungszeit 20 Minuten (plus Bratzeit)
Pro Portion ca. 475 kcal/1995 kJ
18 g E · 20 g F · 54 g KH

Kürbispfannkuchen
Die Eier trennen. Die Eiweiße steif schlagen. Das Kürbisfleisch pürieren. Eigelbe, Kürbispüree, Milch und Butter miteinander verrühren.

Das Mehl, mit dem Backpulver, dem Zucker, Salz und Zimt mischen und mit der Kürbis-Ei-Masse verrühren. Den Eischnee unterheben.

Das Öl in einer Pfanne erhitzen, mit einer Schöpfkelle Teig hineinfüllen und von beiden Seiten goldgelb braten.

Nach und nach aus dem restlichen Teig weitere Pfannkuchen backen. Heiß servieren.

* Die mit einem Sternchen versehenen Zutaten können ausgetauscht werden. Gewürze und Kräuter je nach Belieben.

Süßer Französischer Toast

Wyoming

Süßer Französischer Toast

Die Sahne mit den Eiern, dem Zucker und Salz verrühren. Die Weißbrotscheiben in eine Auflaufform legen und mit der Eiermischung begießen. 15 Minuten ziehen lassen. Die Brote zwischendurch einmal wenden.

Die Butter in einer Pfanne erhitzen und die eingeweichten Brotscheiben darin goldgelb braten. Den Zucker darüber streuen, die Brote wenden und auf der anderen Seite braten.

Die Toasts mit Früchten belegen und mit Sirup begießen oder nur mit Puderzucker bestreut servieren.

Für 4 Portionen
85 g Sahne
5 Eier
40 g Zucker
Salz
8 Scheiben trockenes Weißbrot
3 El Butter
30 g brauner Zucker
250 g gemischte Früchte (Himbeeren, Erdbeeren, Bananen, Blaubeeren)
Ahonsirup

Zubereitungszeit 20 Minuten
(plus Einweich- und Bratzeit)
Pro Portion ca. 277 kcal/1163 kJ
11 g E · 14 g F · 23 g KH

Der French Toast ist ein Verwandter des französischen Pain Perdu und des deutschen Arme Ritter. Sie können dafür Reste von Weißbrot, aber auch Sandwichtoast oder Hefezopf verwenden. Für uns vielleicht etwas ungewohnt, aber in amerikanischen Coffee Shops gang und gäbe: Servieren Sie French Toast mit Ahornsirup und dazu kross gebratene Speckstreifen – die US-Bürger lieben diese Kombination von salzig und süß!

Schon während des Backens duften **Cinnamon Rolls** unwiderstehlich. Am besten schmecken die Schnecken noch lauwarm, entweder auf amerikanische Art zum Frühstück oder auf deutsche zum Nachmittagskaffee.
Zimtwürze begegnet Ihnen in den USA übrigens allerorten: In Apfelkuchen, Streusel-Muffins oder Rosinen-Bagels, bei Frühstücksflocken, in Schokoriegeln, Bonbons und Kaugummi. Selbst Zahnpasta und Duftkerzen werden mit Cinnamon Flavor versetzt!

Für ca. 30 Stücke
140 g Butter
300 ml Milch, 1 Ei
1 El Zucker, ½ Tl Salz
1 Päckchen Vanille-Puddingpulver
500 g Mehl
1 Päckchen Trockenhefe
150 g brauner Zucker
1 El Zimt
100 g gehackte Pecannüsse
50 g Doppelrahm-Frischkäse
100 g Puderzucker
etwas Vanillearoma

Zubereitungszeit 20 Minuten
(plus Zeit zum Gehen und Backen)
Pro Stück ca. 132 kcal/554 kJ
2 g E · 5 g F · 19 g KH

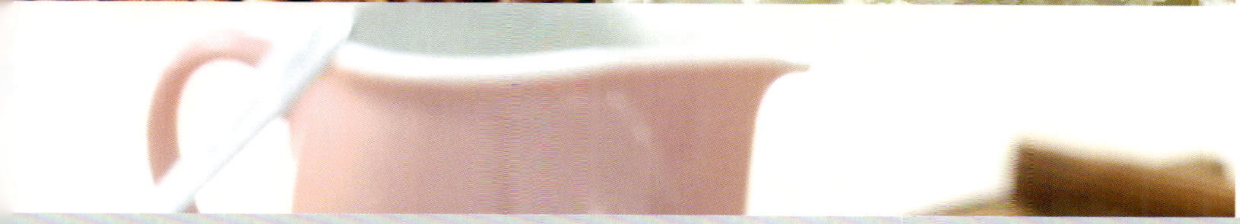

Zimtröllchen

Virginia

Zimtröllchen

50 g Butter schmelzen und wieder abkühlen lassen, die Milch erwärmen. Die Butter mit der Milch, dem Ei, Zucker, Salz, Puddingpulver, Mehl und Trockenhefe mischen und mit dem Handrührgerät zu einem glatten Teig verkneten. Etwa 1 Stunde gehen lassen.

Den Teig anschließend zu einem Rechteck ausrollen, mit 75 g weicher Butter bestreichen und mit Zimtzucker und Nüssen bestreuen. Den Teig von der längeren Seite her aufrollen, den Rand gut andrücken. Mit einem sehr scharfen Messer in etwa 2 cm dicke Scheiben schneiden und auf das gefettete Blech des Backofens setzen, dabei zwischen den Scheiben etwa 2 cm Abstand lassen.

Die Rollen mindestens 1 Stunde abgedeckt an einem warmen Ort gehen lassen. Inzwischen den Backofen auf 190 Grad (Umluft 170 °C) vorheizen. Die Zimtrollen 15 bis 20 Minuten backen.

Die restliche Butter mit Frischkäse, Puderzucker und Vanillearoma mischen und auf die gebackenen Rollen streichen. Abkühlen lassen.

Käse-Brötchen

Den Backofen auf 225 °C (Umluft 200 °C) vorheizen. Ein Backblech leicht einfetten (5 g Butter) oder mit Backpapier belegen.

Das Mehl mit dem Backpulver in eine Schüssel sieben und mit Salz und 115 g Butter verrühren. Die Milch und den geriebenen Käse zugeben und alles vermischen. Mit einem Holzlöffel so lange rühren, bis ein weicher Teig entstanden ist.

Mit einem Esslöffel 6 bis 8 Teigstücke auf das Blech geben und etwas flach drücken. Im Ofen etwa 10 Minuten goldbraun backen.

Die restliche Butter weich werden lassen und mit dem Knoblauchpulver verrühren, die gebackenen Biscuits damit bestreichen und noch warm servieren.

Käse-Brötchen

Wisconsin

Für 8 Stücke
300 g Mehl
2 Tl Backpulver
½ Tl Salz
150 g Butter
150 ml Milch
50 g frisch geriebener Cheddar
etwas Knoblauchpulver

Zubereitungszeit 15 Minuten
(plus Backzeit)
Pro Portion ca. 304 kcal/1275 kJ
6 g E · 18 g F · 27 g KH

Eier Benedict

Für 4 Portionen
Salz
5 El Weißweinessig
8 Eier
4 Brioches oder Muffins
1 El Butter
200 ml Sauce Hollandaise (Fertigprodukt)
8 Scheiben Frühstücksspeck
8 schwarze Oliven ohne Stein
½ Bund glatte Petersilie

Zubereitungszeit 20 Minuten
(plus Zeit zum Rösten und Pochieren)
Pro Portion ca. 390 kcal/1638 kJ
28 g E · 29 g F · 4 g KH

Eier Benedict
In einem großen Topf reichlich Wasser mit Salz und Essig zum Kochen bringen. Die Eier einzeln und vorsichtig in eine Schüssel schlagen, sodass das Eigelb nicht verletzt wird. Dann jedes Ei in das kochende Wasser gleiten lassen und etwa 4 Minuten pochieren. Mit einer Schaumkelle herausheben und auf Küchenpapier abtropfen lassen.

Die Brioches oder Muffins halbieren und mit der Schnittfläche nach unten in der heißen Butter in einer Pfanne rösten. Je zwei Hälften auf einen Teller legen, je ein Ei darauf geben und mit der erwärmten Sauce Hollandaise überziehen.

Die Speckscheiben in einer Pfanne knusprig braten und mit den Oliven auf den Eiern verteilen. Die Petersilie waschen, trockenschütteln und hacken und die Brioches (Muffins) damit dekorieren.

„Geburtsort" der Eggs Benedict soll das legendäre Delmonico's-Restaurant in New York sein, das bereits seit 1837 existiert. Servieren Sie das herzhafte Brunchgericht entweder auf Brioche-Brötchen oder English Muffins. Letztere sind ungesüßt, lassen sich in zwei Hälften teilen und sind unter dem Begriff Toasties erhältlich.

Butterwaffeln mit Frischkäse

North Carolina

Butterwaffeln mit Frischkäse

Die Butter mit dem Zucker und Salz in einer Schüssel schaumig schlagen. Die Eier mit der Buttermilch gut verquirlen. Die Eier-Milch-Mischung unter die Buttermasse rühren. Das Mehl mit dem Backpulver mischen und über alles sieben. Zu einem zähflüssigen Teig verarbeiten.

Ein Waffeleisen vorheizen und einfetten. 3 Esslöffel Teig auf der Fläche verteilen und daraus in etwa 4 Minuten goldgelbe Waffeln backen.

Den Frischkäse mit der Sahne und dem Honig verrühren und zu den heißen Waffeln servieren.

Für 4 Stücke
85 g Butter
85 g Zucker
Salz
2 Eier
200 ml Buttermilch
200 g Mehl
1/2 Tl Backpulver
135 g Doppelrahm-Frischkäse
35 g Sahne
80 g Honig
Fett für das Waffeleisen

Zubereitungszeit 10 Minuten
(plus Backzeit)
Pro Stück ca. 677 kcal/2843 kJ
14 g E · 35 g F · 75 g KH

Tipp
Sie haben gerade keine Buttermilch für dieses Rezept im Haus? Dann stellen Sie sie selbst her, indem Sie Milch mit etwas Zitronensaft verrühren, bis die Mischung ein bisschen eindickt.

RÜHREI MIT WÜRSTCHEN UND SPECK

RÜHREI MIT SPINAT

RÜHREI MIT TOMATEN, SCHINKEN, CHILI UND KÄSE

RÜHREI MIT PILZEN, ZWIEBELN, PAPRIKA UND CHEDDAR

RÜHREI MIT KÜRBIS, ZUCCHINI UND ZIEGENKÄSE

RÜHREI MIT GETROCKNETEN TOMATEN UND SALAMI

Rühreier mit grünem Spargel

Washington

Für 4 Portionen
750 g grüner Spargel*
Salz
1 Tl Zucker*
10 Eier
250 g Sahne
Pfeffer
2 El Butter

Zubereitungszeit 30 Minuten (plus Garzeit)
Pro Portion ca. 477 kcal/2003 kJ
24 g E · 39 g F · 7 g KH

Rühreier mit grünem Spargel
Den Spargel putzen, waschen, die holzigen Enden abschneiden und das untere Drittel schälen. Die Stangen in wenig gesalzenem Wasser mit Zucker in etwa 10 Minuten bissfest garen. Abgießen und den Spargel in 3 cm lange Stücke schneiden.

Die Eier verquirlen und mit der Sahne verrühren, mit Salz und Pfeffer würzen.

Die Butter in einer Pfanne erhitzen und die Eier hineingeben. Bei geringer Temperatur unter Rühren stocken lassen. Die Spargelstücke unter das Rührei heben.

Das Rührei mit Salz und Pfeffer abschmecken und mit Toast servieren.

* Die mit einem Sternchen versehenen Zutaten können ausgetauscht werden. Gewürze und Kräuter je nach Belieben.

Omelett aus den Südstaaten

Tennessee

Omelett aus den Südstaaten

Die Eier mit der Milch, Salz und Pfeffer verquirlen. Den Speck in einer Pfanne knusprig braten und nach dem Abkühlen zerkleinern. Die Kartoffeln pellen und klein schneiden, die Zwiebel schälen und fein hacken. Die Kartoffeln und die Zwiebel mit dem Speck mischen.

Für 4 Portionen
12 Eier
120 ml Milch
Salz
Pfeffer
8 Scheiben Frühstücksspeck
2 gekochte Kartoffeln
1 Zwiebel
4 El Butter
60 g geriebener Parmesan

Zubereitungszeit 15 Minuten
(plus Backzeit)
Pro Portion ca. 455 kcal/1911 kJ
32 g E · 31 g F · 10 g KH

Ein Viertel der Butter in einer großen gusseisernen Pfanne erhitzen. Die Eimischung in insgesamt vier Portionen hineingießen. Bei mittlerer Temperatur stocken lassen. Wenn das Ei zu stocken beginnt, jeweils ein Viertel der Speck-Kartoffel-Mischung mit einem Viertel Käse hineingeben und mitbacken.

Den Rand des Omeletts mit dem Pfannenwender an einer Seite anheben und vorsichtig zusammenklappen. Auf einen Teller gleiten lassen. Die restlichen Omeletts ebenso backen.

Bacon, Frühstücksspeck, gehört zu einem herzhaften amerikanischen Frühstück unbedingt dazu. Besonders knusprig wird er, wenn Sie die Pfanne nicht vorheizen, sondern die Scheiben in die kalte Pfanne legen. Wer auf Kalorien achtet, lässt den Speck nach dem Braten auf Küchenpapier abtropfen.

Weizentortillas mit Füllung, die bereits gerollt serviert werden, heißen in der mexikanischen und TexMex-Küche Burritos – „Eselchen". Sie sind beladen mit Bohnen, Fleisch, Huhn, Salsa, Salat – und Frühstücksburritos typischerweise auch mit Rührei.

Für 4 Portionen
½ Bund Frühlingszwiebeln
25 g Butter
150 g rote Bohnen (Dose)
6 Eier
½ Bund frisch gehackter Koriander
50 g Sahne
150 g geriebener Cheddar
Salz, Pfeffer
4 Tortillas
saure Sahne nach Geschmack

Zubereitungszeit 20 Minuten
(plus Gar- und Backzeit)
Pro Portion ca. 497 kcal/2087 kJ
28 g E · 33 g F · 24 g KH

Frühstücksburritos

Texas

Frühstücksburritos

Die Frühlingszwiebeln putzen, waschen und in Ringe schneiden. Die Butter in einer Pfanne erhitzen und die Frühlingszwiebeln darin andünsten. Die Bohnen abtropfen lassen und dazugeben. Die Eier verquirlen und mit Koriander und Sahne mischen. Die Eimischung zu den Zwiebeln geben und bei mittlerer Temperatur stocken lassen.

Den Backofen auf 170 °C (Umluft 150 °C) vorheizen. Den Käse zu den gestockten Eiern geben und abgedeckt schmelzen lassen. Anschließend mit Salz und Pfeffer würzen.

Die Tortillas nebeneinander auf eine Arbeitsfläche legen und mit der Eimischung belegen. Zusammenrollen und im Ofen etwa 5 Minuten backen. Die Frühstücksburritos mit saurer Sahne servieren.

GRAND VIN DE BORDEAUX
CHATEAU PIERRAIL
BORDEAUX SUPÉRIEUR
APPELLATION BORDEAUX SUPÉRIEUR CONTRÔLÉE
2003
MIS EN BOUTEILLE AU CHATEAU
MÉDAILLE D'OR
Nº 20204 HD
MÉDAILLE D'OR
CONCOURS GÉNÉRAL AGRICOLE
PARIS 2003

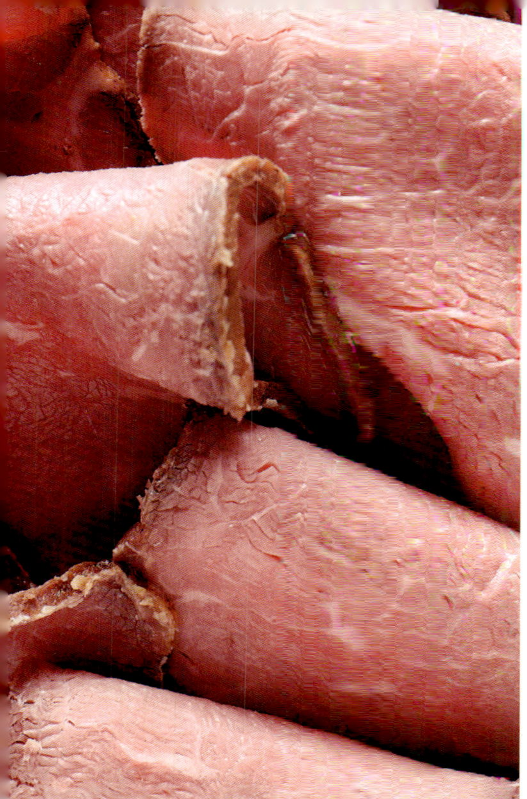

Gehacktes Roastbeef

Kansas

Gehacktes Roastbeef

Das Roastbeef in dünne Scheiben schneiden und sehr fein hacken. Die Kartoffeln schälen, in 2,5 cm große Würfel schneiden und in leicht gesalzenem Wasser in etwa 10 Minuten garen. Abgießen und die Kartoffeln gut abtropfen lassen.

Die Frühlingszwiebeln putzen, waschen und in dünne Ringe schneiden. Das Öl in einer Pfanne erhitzen und die Kartoffelwürfel darin schmoren. Nach etwa 5 Minuten die Frühlingszwiebeln hinzufügen und mitschmoren.

Das Rostbeef und den Oregano in die Pfanne geben und unterrühren; mit Salz und Pfeffer würzen. Zuletzt die Sahne zugießen und unterheben. Alles weitere 5 Minuten schmoren, dabei die Kartoffeln leicht zerdrücken. Dazu pochierte Eier reichen.

Für 4 Portionen

500 g gebratenes Roastbeef
6 Kartoffeln
Salz
½ Bund Frühlingszwiebeln
3 El Öl
1 Tl getrockneter Oregano
Pfeffer
150 g Sahne

Zubereitungszeit 25 Minuten
(plus Gar- und Schmorzeit)
Pro Portion ca. 352 kcal/1478 kJ
30 g E · 19 g F · 13 g KH

2003er
Château Pierrail
Bordeaux Supérieur
J & A.& A. Demonchaux

Dieses vorzügliche Château ist bekannt für seine tief purpurfarbenen Weine mit einer finessenreichen Konzentration. Überwiegend aus Merlot vinifiziert, offenbaren sich Aromen von dunklen Früchten (Pflaumen, Blaubeeren, Cassis), ergänzt durch sublime Röstnoten und feine Vanilletöne vom langen Ausbau im Holzfass. Ein echter Bordelaiser Grand Vin!

Hähnchenpfanne mit Äpfeln

Maryland

Für 4 Portionen
1 Süßkartoffel
Salz
1 Zwiebel
je 1/2 rote und grüne Paprikaschote
3 El Sonnenblumenöl
1 gebratene Hähnchenbrust ohne Haut
1 1/2 Tl frisch gehackter Thymian
Pfeffer
1 Apfel
3 El frisch gehackter Schnittlauch

Zubereitungszeit 30 Minuten (plus Schmorzeit)
Pro Portion ca. 247 kcal · 1037 kJ
37 g E · 4 g F · 14 g KH

Hähnchenpfanne mit Äpfeln
Die Kartoffel schälen und in kleine Würfel schneiden. In wenig gesalzenem Wasser in etwa 8 Minuten bissfest garen, dann abgießen und abtropfen lassen. Die Zwiebel schälen und würfeln, die Paprikaschoten putzen, waschen, entkernen und ebenfalls in kleine Würfel schneiden.

2 El Öl in einer Pfanne erhitzen und die Zwiebel darin andünsten. Die Paprikawürfel hinzufügen und etwa 5 Minuten unter Rühren dünsten. Die Hähnchenbrust in 2 cm große Würfel schneiden.

Die Temperatur heraufschalten und das restliche Öl in der Pfanne erhitzen. Dann die Hähnchen- und Kartoffelwürfel hineingeben und etwa 5 Minuten mitbraten. Mit Salz, Pfeffer und Thymian würzen. Die Mischung mit einem Teller beschweren und weitere 5 Minuten in der Pfanne schmoren. Die Unterseite sollte gebräunt sein.

Den Apfel waschen, vom Kerngehäuse befreien und ungeschält würfeln. Dann die Pfannenmischung mit einem Spatel wenden, wieder beschweren und erneut bräunen lassen. Den Apfel und den Schnittlauch zugeben und weiterbraten, bis die Äpfel weich sind.

Die Hähnchenpfanne nach Belieben mit Chilisauce servieren.

Sweet Potatos ähneln in Farbe und Geschmack eher Möhren als Kartoffeln. Süßkartoffeln sind eine bedeutende Kulturpflanze der Südstaaten und dienen gebacken oder gekocht und püriert vor allem als Beilage zu Fleischgerichten

Suppen, Salate und Sandwiches

Der mittägliche Lunch ist für die US-Amerikaner eine schnelle Zwischenmahlzeit.

Belegte Brote, eine warme Suppe oder ein leichter Salat überbrücken die Zeit bis zur abendlichen Hauptmahlzeit, dem Dinner. Für eine ausgedehnte Mittagspause fehlt den meisten Amerikanern die Zeit. Schulkinder holen Kekse, Obststückchen oder belegte Brote aus ihrer Lunch Box (Butterbrotdose), bevor der Nachmittagsunterricht startet. Berufstätige gehen zum Lunch Wagon oder zum Deli(catessen), wo es Sandwiches und Salate zum Mitnehmen gibt. Wer in einem Diner oder einem Coffee Shop zu Mittag isst, bestellt sich zum belegten Brot eine Suppe – die Kombination Soup and Sandwich gibt es als Lunch Special oft zum Sonderpreis.

Beliebt sind Salate, die außer knackigem Grün und Gemüse auch Putenbrust, Thunfisch, Shrimps, Schinken oder Käse enthalten. Als Dressing zur Auswahl stehen French (Essig-Öl mit etwas Senf), Cocktail (Mayo, Ketchup und Meerrettich), Russian (Mayo, Chili, Paprikaschote), Ranch (Buttermilch, Zwiebel, Knoblauch), Green Goddess (Anchovis und Kräuter) oder Blue Cheese (mit würzigem Blauschimmelkäse).

Die Ausnahme von der Regel des eher sparsamen Mittagsmahles bilden die viel bespöttelten Power-, Business- oder 3-Martini-Lunches. Bei denen treffen sich Geschäftsleute zu einem ausgedehnten Restaurantbesuch – und präsentieren anschließend die Quittung als Geschäftsausgabe dem Finanzamt!

Suppen, Salate und Sandwiches

Die Übersetzung „belegtes Brot“ wird dem Sandwich nicht gerecht. Fleisch, Geflügel- oder Eiersalat, Gemüse und Salatblätter werden großzügig zwischen zwei Brotscheiben gepackt.

Das Brot ist dabei meist weiches, ungetoastetes Weißbrot – Sandwich Bread heisst es in den USA, wir kaufen es als Toastbrot. Wer mag, kann aber auch Vollkorntoast verwenden. Einige Sandwich-Spezialitäten wie das Reuben (Corned Beef, Schweizer Käse, Sauerkraut) oder Pastrami (Pökelfleisch) erfordern rustikaleres Roggenbrot.

Außer kalten Sandwiches kennt die amerikanische Küche auch warme, zum Beispiel French Dip (gekochtes Rindfleisch mit Bouillon-Dip), Philly Cheese Steak (geschabtes Rindfleisch mit geschmolzener Käsesauce), Meatball (Fleischklopse in Tomatensauce) oder die Po’Boys mit gebackenen Austern aus New Orleans. Die maulsperrigsten Vertreter der Sandwich-Art sind die bis zu 30 cm langen Heros – ein Held, wer diese Portion schafft und sich dabei nicht bekleckert!

CHOWDER MIT MEERESFRÜCHTEN

CHOWDER MIT MIESMUSCHELN

CHOWDER MIT HUMMER

CHOWDER MIT MAIS

CHOWDER MIT MAIS UND KREBSEN

CHOWDER MIT AUSTERN

Muschelsuppe

Massachusetts

Für 4 Portionen
6 Scheiben Frühstücksspeck
1 Zwiebel
1 El Butter
1 El Mehl
400 ml Fischfond (Glas)
2 Kartoffeln
250 g Venusmuscheln (frisch oder TK)*
125 g Sahne
Salz, Pfeffer nach Geschmack
2 El frisch gehackte Kräuter (Petersilie, Schnittlauch oder Dill)

Zubereitungszeit 20 Minuten
(plus Schmor- und Garzeit)
Pro Portion ca. 218 kcal/916 kJ
11 g E · 13 g F · 14 g KH

Muschelsuppe (Clam Chowder)
Den Speck in Würfel schneiden, die Zwiebel schälen und würfeln. Die Butter in einem Topf zerlassen, den Speck und die Zwiebel darin glasig dünsten. Das Mehl dazugeben und unter Rühren anschwitzen. Den Fischfond angießen und unter Rühren aufkochen.

Die Kartoffeln schälen und würfeln. In die Suppe geben und etwa 15 Minuten köcheln. Die Muscheln entweder in kochendem Wasser garen, dann aus den Schalen lösen (geschlossene Muscheln wegwerfen) und klein schneiden oder auftauen lassen und klein schneiden.

Das Muschelfleisch in die Suppe geben und erhitzen. Die Sahne angießen (falls die Suppe zu dick ist, noch etwas Wasser angießen), mit Salz und Pfeffer abschmecken, nur kurz aufkochen lassen.

Zum Schluss die Kräuter dazugeben und die Suppe servieren.

* Die mit einem Sternchen versehenen Zutaten können ausgetauscht werden. Gewürze und Kräuter je nach Belieben.

2003er
Carmes de Rieussec
Zweitwein des Château
Rieussec
Sauternes A.C.

Der Second Vin von Château Rieussec zeichnet sich immer wieder durch seine herrliche aromatische Fülle aus, bei der Zitrusfrüchte vorherrschen. Der Name Carmes de Rieussec bezieht sich auf die Karmelitermönche in Langon. Ein großartiger Süßwein, ideal zu raffinierten Speisen.

Kürbissuppe mit Chili

New Mexico

Kürbissuppe mit Chili
Die Kürbiskerne ohne Fett in einer Pfanne rösten, bis sie zu duften beginnen, dann beiseite stellen. Die Zwiebel und den Knoblauch schälen und hacken, den Lauch putzen, waschen und in dünne Ringe schneiden. Die Chilischote putzen, waschen, entkernen und hacken.

Für 4 Portionen
2 El Kürbiskerne
1 Zwiebel
1 Knoblauchzehe
1 Stange Lauch
½ rote Chilischote
1 El Öl
500 g Kartoffeln
500 g Kürbisfleisch
750 ml Gemüsebrühe
Salz
Pfeffer
Muskatnuss
2 El Crème fraîche
etwas Aceto balsamico

Zubereitungszeit 20 Minuten
(plus Schmor- und Garzeit)
Pro Portion ca. 183 kcal/768 kJ
6 g E · 4 g F · 27 g KH

Das Öl in einem Topf erhitzen und die Zwiebel mit dem Knoblauch, dem Lauch und der Chili darin glasig dünsten. Die Kartoffeln schälen und würfeln, das Kürbisfleisch ebenfalls in Würfel schneiden. Zur Zwiebel-Lauch-Mischung geben und 5 Minuten mitschmoren.

Die Brühe angießen. Die Suppe mit Gewürzen abschmecken und etwa 15 Minuten köcheln, bis das Gemüse weich ist. Die Suppe pürieren.

Mit Crème fraîche und Aceto balsamico verfeinern, mit den gerösteten Kürbiskernen garnieren und servieren.

Der **Kürbis** ist eine der ältesten Kulturpflanzen der Welt und zählt botanisch zur Beerenfamilie. Die amerikanischen Köche haben viele Verwendungsmöglichkeiten für die mannigfaltigen Kürbissorten: Pumpkin gibt es als Suppe oder Beilage, sogar in Brot oder Gebäck wird das Püree verwendet oder zu Marmelade verkocht.

Knollensellerie kennen die US-Bürger nicht – sie schätzen den würzigen Staudensellerie, ob nun in Suppen, in Salaten oder als Dipgemüse. Zusammen mit Gemüsepaprika und Zwiebeln bildet Celery die Holy Trinity (Heilige Dreifaltigkeit) der Creole- und Cajun-Küche.

Möhren-Ingwer-Suppe

Arizona

Für 4 Portionen
1 Zwiebel
2 Knoblauchzehen
3 Möhren
1 Stange Staudensellerie
1,5 cm Ingwerwurzel
2 El Olivenöl
1 l Gemüsebrühe
½ Bund Koriander
Salz, Pfeffer
2 El saure Sahne

Zubereitungszeit 25 Minuten
(plus Schmor- und Garzeit)
Pro Portion ca. 54 kcal/228 kJ
1 g E · 4 g F · 3 g KH

Möhren-Ingwer-Suppe

Die Zwiebel und die Knoblauchzehen schälen und fein hacken. Die Möhren schälen und würfeln, den Sellerie putzen, waschen und klein schneiden. Die Ingwerwurzel schälen und reiben.

Das Öl in einem großen Topf erhitzen und die Zwiebel mit dem Knoblauch darin andünsten. Dann die Möhren, den Sellerie und den Ingwer hinzufügen und unter mehrmaligem Rühren 5 Minuten schmoren.

Die Brühe angießen und die Suppe 20 Minuten bei geringer Temperatur garen. Dann pürieren. Den Koriander waschen und hacken. In die Suppe geben und diese mit Salz und Pfeffer würzen. Erneut aufkochen lassen und mit saurer Sahne abschmecken.

HORSES
Bought
Sold
Traded
Hauling Available
843-538-2514
843-538-8988
CIRCLE
M
RANCH
MAC McCRANIE OWNER

LANGENLOIS
WEINGUT
BRÜNDLMAYER
Grüner Veltliner
L-T
2006
TROCKEN · KAMPTAL · ÖSTERREICH

Zucchini-Kartoffel-Suppe

Die Zwiebeln und die Knoblauchzehe schälen und hacken. Die Kartoffeln schälen und würfeln. Die Zucchini putzen, waschen und in Scheiben schneiden.

Die Butter in einem großen Topf erhitzen und die Zwiebeln mit dem Knoblauch darin glasig dünsten. Die Kartoffeln hinzufügen und etwa 7 Minuten mitschmoren. 2 El Kartoffeln aus dem Topf nehmen, dann die Zucchini hineingeben und alles weitere 3 Minuten garen.

Die Hühnerbrühe angießen und die Gewürze einrühren. Die Suppe aufkochen lassen, dann bei geringer Temperatur etwa 30 Minuten garen, anschließend pürieren.

Die Sahne in die Suppe rühren, kurz erhitzen und mit Salz und Pfeffer abschmecken. Die beiseite gelegten Kartoffeln auf Suppentassen verteilen und die Suppe darüber gießen. Mit Petersilie bestreut servieren.

Zucchini-Kartoffel-Suppe Idaho

Für 4 Portionen

- 2 Zwiebeln
- 1 Knoblauchzehe
- 2 Kartoffeln
- 3 gelbe Zucchini
- 25 g Butter
- 750 ml Hühnerbrühe
- 1 Msp. Cayennepfeffer
- Salz
- Pfeffer
- 1 Tl Paprikapulver
- ½ Tl getrockneter Thymian
- ½ Tl getrockneter Oregano
- 175 g Sahne
- 3 El frisch gehackte Petersilie

Zubereitungszeit 30 Minuten
(plus Schmor- und Garzeit)
Pro Portion ca. 283 kcal/1186 kJ
6 g E · 19 g F · 22 g KH

2006er
L+T
Grüner Veltliner
Kamptal
Weingut Bründlmayer

Wenn der sympathische, weltweit gefeierte Willi Bründlmayer einen Grünen Veltliner „L+T" (leicht und trocken) nennt, verbirgt sich dahinter ein brillanter Weißwein für den Sommer mit der Extraklasse dieses Weinguts. In der Nase animierend vielschichtig mit Noten von Zitrusfrüchten, roten Äpfeln und Rosenholz, im Mund frisch, elegant und ausdrucksvoll mit guter Länge. „Terrassen-Wein" für den Sommer!

Feurige Bohnensuppe

Für 4 Portionen
250 g getrocknete schwarze Bohnen
1 Zwiebel, 1 Knoblauchzehe
½ Staudensellerie
2 Möhren
½ Chilischote
250 g geräucherter Bauchspeck
½ El gemahlener Kreuzkümmel
½ Tl Kardamom
1 Tl Chilipulver
175 ml Weißwein
750 ml Gemüsebrühe
Salz, Pfeffer
Sherryessig
2 El Orangensaft

Zubereitungszeit 30 Minuten
(plus Einweich-, Schmor- und Garzeit)
Pro Portion ca. 176 kcal/739 kJ
14 g E · 6 g F · 8 g KH

Feurige Bohnensuppe
Die Bohnen über Nacht in reichlich Wasser einweichen. Dann abgießen und abspülen. Die Zwiebel und den Knoblauch schälen und fein hacken. Den Staudensellerie putzen, waschen und klein schneiden. Die Möhren schälen und in Scheiben schneiden, die Chilischote putzen, waschen und fein hacken.

Den Bauchspeck in Würfel schneiden und in einer Pfanne ausbraten. Dann herausnehmen und auf Küchenpapier abtropfen lassen. Im Speckfett die Zwiebel und den Knoblauch andünsten, dann das übrige Gemüse und die Chilischote zugeben und etwa 5 Minuten mitdünsten.

Die Gewürze einrühren, den Wein angießen und etwas einkochen lassen. Dann die Bohnen und die Brühe hinzufügen, aufkochen und abgedeckt etwa 1 Stunde 30 Minuten garen. Den Schaum abschöpfen. Die Suppe mit Sherryessig und Orangensaft abschmecken.

Schwarz (black), braun-weiß gefleckt (Pinto), schwarz gepunktet (Black Eyed Peas), rot (Kidney), weiß (Navy oder Lima) – die **Bohnenvielfalt** in den USA ist groß. Bekommen Sie hierzulande eine bestimmte Sorte nicht, können Sie sie getrost durch eine andere ersetzen.

Tomatensuppe Oklahoma

Tomatensuppe

Die Tomaten waschen, kreuzweise einschneiden und heiß überbrühen. Stielansätze, Schalen und Kerne entfernen und das Tomatenfruchtfleisch klein schneiden.

Die Zwiebel schälen und hacken. Den Staudensellerie putzen, waschen und in Ringe schneiden. Das Öl in einem Topf erhitzen und die Zwiebel darin andünsten. Die Tomaten, den Sellerie und den Lorbeer hinzufügen und kurz schmoren. Dann die Gemüsebrühe angießen und aufkochen.

Die Tomatensuppe etwa 30 Minuten köcheln, bis das Gemüse schön weich ist, dann pürieren. Die Suppe mit Salz, Pfeffer und Tabasco abschmecken und mit Basilikum bestreut servieren.

Für 4 Portionen
1 kg Tomaten
1 Zwiebel
2 Stangen Staudensellerie
3 El Öl
1 Lorbeerblatt
150 ml Gemüsebrühe
Salz
Pfeffer
2–3 Spritzer Tabasco
2 El frisch gehacktes Basilikum

Zubereitungszeit 30 Minuten
(plus Schmor- und Garzeit)
Pro Portion ca. 102 kcal/428 kJ
3 g E · 5 g F · 9 g KH

Wer kennt es nicht, das Warhol-Bild der Campbell Tomatensuppen-Dose? Seit 1897 gibt es dieses berühmte Fertiggericht. Selbst gemacht schmeckt Tomatensuppe aber immer noch am besten – vor allem, wenn Sie reife, aromatische Roma- oder Strauchtomaten verwenden.

GEMÜSESUPPE MIT NUDELN

GEMÜSESUPPE MIT REIS UND KRABBEN

GEMÜSESUPPE MIT HÜHNERFLEISCH

GEMÜSESUPPE MIT HUMMERFLEISCH

GEMÜSESUPPE MIT RINDFLEISCH

GEMÜSESUPPE MIT HACKBÄLLCHEN

Gemüsesuppe

Nebraska

Für 4 Portionen
1 Zwiebel
3 Möhren
1 Stange Staudensellerie
2 Zucchini
2 Kartoffeln
4 El Butter
1,5 l Gemüsebrühe
2 El frisch gehackte Petersilie
Salz
Pfeffer

Zubereitungszeit 20 Minuten
(plus Schmor- und Garzeit)
Pro Portion ca. 305 kcal/1281 kJ
5 g E · 22 g F · 22 g KH

Gemüsesuppe
Die Zwiebel und die Möhren schälen und in Ringe bzw. Scheiben schneiden. Den Staudensellerie putzen, waschen und in Würfel schneiden. Die Zucchini putzen und in Scheiben schneiden. Die Kartoffeln schälen und würfeln.

Die Butter in einem großen Topf erhitzen und das Gemüse hineingeben. Unter Rühren etwa 5 Minuten andünsten, dann die Gemüsebrühe angießen. Die Suppe etwa 30 Minuten köcheln, bis das Gemüse bissfest ist.

Mit Salz und Pfeffer würzen und mit Petersilie bestreut servieren.

Artischockencremesuppe

Kalifornien

Artischockencremesuppe

Die Stiele der Artischocken auf 1 cm kürzen. Die äußeren Blätter entfernen, das Fleisch am Artischockenherzen soll erhalten bleiben. Die restlichen Blätter unmittelbar über den Artischockenherzen abschneiden. Die Blätter und Stiele in eine Schüssel geben. Den Knoblauch schälen und zerdrücken.

In einem großen Topf 1 l Wasser mit Zitronensaft, Salz, Öl und Knoblauch zum Kochen bringen. Die Artischockenherzen hineingeben und etwa 25 Minuten köcheln. Wenn sie sich mit einer Gabel leicht einstechen lassen, aber noch nicht zerfallen, aus dem Topf nehmen. 250 ml Kochsud aufbewahren.

Die Artischockenherzen abkühlen lassen, dann Heu und faserige Blattreste entfernen. Die Herzen in Scheiben schneiden. Zurückgestellte Blätter und Stiele mit reichlich Wasser in einem Topf aufkochen und ebenfalls 25 Minuten bei geringer Temperatur garen. Abgießen, abkühlen lassen, dann das Fleisch aus den Blättern schaben. Die Stiele schälen und in Würfel schneiden.

Die Zwiebeln schälen und hacken. Die Butter in einem Topf erhitzen und die Zwiebeln darin andünsten. Die Hühnerbrühe und den Kochsud angießen, das Artischockenfleisch von Blättern und Stielen hinzufügen und mit Salz und Cayennepfeffer würzen.

Das Mehl mit der Sahne verrühren und die Suppe binden. Restliche Sahne einrühren und die Suppe erhitzen. Kurz vor dem Siedepunkt die Artischockenscheiben zugeben. Mit Petersilie bestreut servieren.

Für 4 Portionen
2–3 große Artischocken
2 Knoblauchzehen
1 El Zitronensaft
½ Salz
2 El Olivenöl
2 Zwiebeln
25 g Butter
475 ml Hühnerbrühe
1 Msp. Cayennepfeffer
20 g Mehl
350 g Sahne
2 El frisch gehackte Petersilie

Zubereitungszeit 30 Minuten (plus Schmor- und Garzeit)
Pro Portion ca. 323 kcal/1355 kJ
5 g E · 29 g F · 11 g KH

2006er
Barons de Rothschild (Lafite) Blanc
Bordeaux A.C.

Ein klassischer weißer Bordeaux aus aromatischem Sauvignon Blanc und körperreichem Sémillon. Der sorgfältigen Auswahl des Traubengutes hat dieser Wein seine faszinierende Balance aus Frucht und Volumen zu verdanken. Ein saftiger Hochgenuss, für den das weltberühmte Haus Barons de Rothschild (Lafite) mit seinem Namen garantiert.

Caesar Cardini war Inhaber eines Restaurants in der mexikanischen Grenzstadt Tijuana. In Zeiten der Prohibition verkehrten viele Hollywood-Stars in seinem Lokal, weil sie neben gutem Essen auch einen Drink bekommen konnten. An einem besucherreichen Wochenende verlangte nun eine Gästegruppe Salat, aber die Vorräte des Wirtes waren erschöpft. Ad hoc kreierte er einen Salat mit einigen italienischen Zutaten, die er noch fand – die Geburtsstunde des Caesar´s Salad, für den er auf die Schnelle keinen besseren Namen fand.

Für 4 Portionen
3 Scheiben Toastbrot
5 Knoblauchzehen
100 ml Olivenöl
1 TL Salz
8 Anchovisfilets
3 EL Rotweinessig
1 TL Dijonsenf
100 g frisch geriebener Parmesan
1 TL Worcestersauce
1 Ei
je 1/2 Kopf Romana-, Eisberg-, Endiviensalat

Zubereitungszeit 20 Minuten
(plus Röstzeit)
Pro Portion ca. 342 kcal/1436 kJ
14 g E · 27 g F · 10 g KH

Caesar's Salad

Kalifornien

Caesar's Salad

Die Brotscheiben entrinden und in Würfel schneiden. 2 Knoblauchzehen schälen und zerdrücken. Mit 3 EL Olivenöl vermischen und die Brotwürfel damit tränken. Die Brotwürfel in einer Pfanne knusprig rösten.

Die Anchovisfilets klein schneiden. Die restlichen Knoblauchzehen schälen und hacken. Die Anchovis mit Knoblauch, Essig, Senf, 50 g Parmesan und dem Ei im Mixer pürieren. Bei laufendem Gerät das restliche Öl zugießen und alles zu einer Mayonnaise rühren.

Die Salatköpfe waschen, trockenschütteln und die Blätter in kleinere Stücke zupfen. Die Salate in eine Schüssel geben und mit Dressing, restlichem Käse und Croûtons mischen. Sofort servieren.

VILLA
ANTINORI
TOSCANA
2006
ANTINORI

Spinatsalat mit Speck

Die Speckscheiben in einer gusseisernen Pfanne knusprig braten und auf Küchenpapier abtropfen lassen. Den Speck abkühlen lassen und in Stücke schneiden.

In derselben Pfanne Zucker, Maisstärke, Salz und Pfeffer mischen und die Mayonnaise unterrühren. Den Rotweinessig mit 3 El Wasser verdünnen und ebenfalls in die Pfanne geben. Die Mischung bei mittlerer Temperatur unter Rühren etwa 3 Minuten köcheln.

Inzwischen den Spinat verlesen, putzen, waschen und trockenschütteln. Dann in eine Schüssel geben.

Die Zwiebel schälen und fein hacken. Mit dem Speck zum Spinat geben und die Salatsauce darüber gießen.

Spinatsalat mit Speck Michigan

Für 4 Portionen
6 Scheiben durchwachsener Speck
1 El Zucker
2 Tl Maisstärke
Salz
Pfeffer
1 El Mayonnaise
40 ml Rotweinessig
500 g frischer Spinat
1 Zwiebel

Zubereitungszeit 20 Minuten
(plus Brat- und Blanchierzeit)
Pro Portion ca. 70 kcal/292 kJ
4 g E · 3 g F · 5 g KH

2006er
Villa Antinori Bianco
Toscana I.G.T.
Marchesi Antinori

Ein weltweit bekannter Klassiker des renommierten Florentiner Weinhauses, dessen Etikett übrigens seit Jahrzehnten quasi unverändert ist. Sein blumiger Duft und die zarten, feinen Aromen haben Villa Antinori Bianco zu einem der beliebtesten Weißweine der Toskana werden lassen, und die fast schon sprichwörtliche Qualität von Antinori zeigt sich auch bei diesem Wein.

Cobb Salat

Für 4 Portionen
6 Scheiben Frühstücksspeck
2 Hähnchenbrüste
80 g Senfkohl
je 1 kleiner Kopfsalat
und Radicchio
1 Tomate
1 Avocado
60 g Feta
2 hart gekochte Eier
$1/2$ rote Zwiebel
100 g Mais (Dose)
4 El Weißweinessig
1 $1/2$ Tl Dijonsenf
1 Tl Zucker
Salz, Pfeffer
150 ml Olivenöl
je 2 El frisch gehackte Petersilie
und frischer Koriander

Zubereitungszeit 30 Minuten
(plus Bratzeit)
Pro Portion ca. 623 kcal/2615 kJ
30 g E · 47 g F · 20 g KH

Cobb Salat

Die Speckscheiben in einer Pfanne knusprig braten. Auf Küchenpapier abtropfen lassen. Die Hähnchenbrüste säubern, flach klopfen und in derselben Pfanne etwa 15 Minuten braten. Dann herausnehmen und abkühlen lassen. Anschließend in etwa 2 cm große Stücke schneiden. Den Speck klein schneiden.

Den Senfkohl und die Salate waschen, trockenschütteln und in mundgerechte Stücke zupfen. Die Salate in eine Schüssel geben. Die Tomate waschen und würfeln. Die Avocado schälen, vom Stein befreien und in dünne Scheiben schneiden. Den Feta würfeln, die Eier pellen und vierteln, die Zwiebel schälen und in Ringe schneiden. Den Mais abtropfen lassen. Aus den restlichen Zutaten außer den Kräutern eine Vinaigrette bereiten.

Die restlichen Salatzutaten auf die Salatblätter geben und die Vinaigrette darüber gießen. Den Salat vorsichtig durchmischen. Dann mit Petersilie und Koriander bestreut servieren.

Cobb Salad ist in den USA zum Synonym für Salat aus kleingeschnipselten Zutaten geworden. Natürlich können Sie die Gemüse- und Salatsorten variieren – nur die Avocado sollte unbedingt hinein.

Scharfer Kohlsalat mit Ananas

Hawaii

Scharfer Kohlsalat mit Ananas

Die Chilischoten putzen, waschen, entkernen und klein hacken. In einer Schüssel mit der Mayonnaise, saurer Sahne, Senf und Zitronensaft mischen und salzen.

Den Kohl putzen, vierteln, waschen, den Strunk und dicke Blattenden entfernen. Die Kohlblätter in dünne Streifen schneiden oder hobeln.

Für 4 Portionen
2 Chilischoten
2 El Mayonnaise
2 El saure Sahne
1 El Senf
3 El Zitronensaft
½ Tl Salz
600 g Weißkohl
½ frische Ananas
½ Bund Frühlingszwiebeln

Zubereitungszeit 20 Minuten
(plus Zeit zum Durchziehen)
Pro Portion ca. 107 kcal/449 kJ
2 g E · 5 g F · 12 g KH

Die Ananas schälen, Mittelstrunk entfernen und das Fruchtfleisch in Scheiben schneiden. Die Scheiben würfeln. Den Kohl und die Ananas zur Salatsauce geben und gut durchmischen. Den Salat mindestens 1 Stunde durchziehen lassen.

Die Frühlingszwiebeln putzen, waschen und in dünne Ringe schneiden. Über dem Salat verteilen und servieren.

Als günstiges und gesundes Gemüse ist **Kohl** auf der ganzen Welt beliebt – und Kohlrezepte aus der ganzen Welt finden sich auch in der amerikanischen Küche wieder. Colcannon, ein Gericht aus Kohl und Kartoffeln, ist irischen Ursprungs, Sauerkraut stammt aus Deutschland, und das scharfe koreanische Kim Chi hat bei diesem Salat Pate gestanden.

FRÜHLINGSSALAT MIT
SAURE-SAHNE-DRESSING

FRÜHLINGSSALAT MIT
FRENCH DRESSING

FRÜHLINGSSALAT MIT
BLAUSCHIMMELKÄSE-DRESSING

Frühlingssala

FRÜHLINGSSALAT MIT ERDNUSSDRESSING

FRÜHLINGSSALAT MIT SENF-KREUZKÜMMEL-DRESSING

FRÜHLINGSSALAT MIT GRAPEFRUIT-SCHALOTTEN-DRESSING

mit Thousand Island Dressing

Washington

Für 4 Portionen
450 g grüner Spargel
220 g Zuckererbsen
Salz
400 g Mesclun (Salatmischung aus Blattsalaten)
4 Tomaten
1 hart gekochtes Ei*
1/2 Zwiebel*
1 kleine rote Chilischote*
1/2 grüne Paprikaschote*
6 El Mayonnaise*
1/2 Tl Worcestersauce*
1 El Chilisauce*
1/2 Tl frisch geriebener Meerrettich*
1/2 Tl Senfpulver*
2 El frische Schnittlauchröllchen

Zubereitungszeit 20 Minuten
(plus Zeit zum Blanchieren)
Pro Portion ca. 231 kcal/9[illegible] kJ
10 g E · 15 g F · 14 g KH

Frühlingssalat mit Thousand Island Dressing

Den Spargel putzen, die holzigen Enden abschneiden, das untere Drittel schälen und den Spargel in Stücke schneiden. Die Zuckererbsen waschen. In einem Topf Wasser mit etwas Salz zum Kochen bringen und die Spargelstücke mit den Zuckererbsen darin etwa 5 Minuten blanchieren. Abgießen und abtropfen lassen.

Die Salate waschen und trockenschleudern. Die Tomaten waschen, von den Stielansätzen befreien und achteln. Alle Salatzutaten in eine Schüssel geben.

Das Ei pellen, die Zwiebel schälen, die Chilischote und die Paprika putzen, waschen und entkernen. Ei, Paprika, Zwiebel und Chili klein schneiden und mit den restlichen Zutaten im Mixer pürieren. Über den Salat gießen und mit Schnittlauch bestreut servieren.

* Die mit einem Sternchen versehenen Zutaten können ausgetauscht werden. Gewürze und Kräuter je nach Belieben.

Bohnensalat

Texas

Bohnensalat

Die Bohnen und die Kichererbsen in ein Sieb geben und gut abtropfen lassen. Essig, eingelegte Chilischoten, Eigelb und Kreuzkümmel mit Salz in den Mixer geben. Den Knoblauch schälen, klein schneiden und dazugeben.

Die Zutaten im Mixer pürieren und bei laufendem Motor nach und nach die beiden Öle zugießen, weiter pürieren, bis ein sämiges Dressing entsteht.

Die Bohnen in eine Schüssel geben und das Dressing darüber gießen. Die Frühlingszwiebeln putzen, waschen und in Ringe schneiden. Über dem Salat verteilen und servieren.

Für 4 Portionen

150 g schwarze Bohnen (Dose)
150 g Kicherbsen (Dose)
150 g Wachtelbohnen (Dose)
80 ml Aceto balsamico
3 eingelegte Chilischoten
1 Eigelb
1 El gemahlener Kreuzkümmel
1 Tl Salz
2 Knoblauchzehen
100 ml Rapsöl
100 ml Olivenöl
½ Bund Frühlingszwiebeln

Zubereitungszeit 15 Minuten
Pro Portion ca. 353 kcal/1480 kJ
8 g E · 28 g F · 17 g KH

In Essig eingelegte Chilischoten sind in den USA als **Jalapeños** bekannt und in jedem Supermarkt erhältlich. Sie sind mittelscharf, grün oder rot mit leicht abgerundeten Enden. Bekommen Sie keine eingelegten Jalapeños, können Sie auch andere, frische Sorten verwenden, aber Vorsicht bei den kleinen, extrem scharfen Thai-Chilis!

Ob nun Legende oder Wahrheit, jedenfalls eine hübsche Geschichte: Hot Dogs sollen um das Jahr 1900 herum ihren Namen von dem Karikaturisten Tad Dorgan bekommen haben. Er zeichnete bellende Dackel in der Semmel, um sich über Gerüchte lustig zu machen, dass die günstigen Würstchen Fleisch unbekannter Herkunft enthielten.

Zwingende Zutaten bei Hot Dogs sind allein die weichen Brötchen und die Würstchen – einfache erhitzte Knackwürstchen, Wiener oder Frankfurter eignen sich sehr gut. Die Beilagen können Sie nach Belieben variieren: Ketchup und Senf, Schmelzkäse-Scheiben, rohe oder Röstzwiebeln, Cole Slaw, Chili aus Hackfleisch, Salsa. Sogar Sauerkraut-Dogs gibt es!

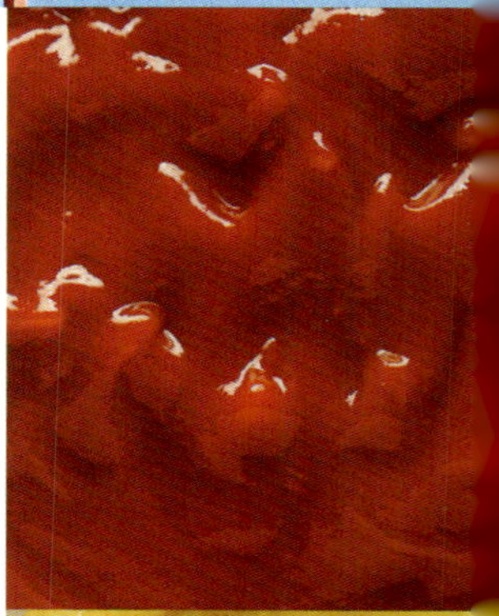

Hot Dog

Für 4 Portionen

- 100 g Mixed Pickles
- ½ Zwiebel
- 1 Tomate
- ½ Bund Kerbel
- 4 Würstchen
- 4 Hot-Dog-Brötchen
- 8 Scheiben Käse

Zubereitungszeit 15 Minuten
(plus Grillzeit)
Pro Portion ca. 209 kcal/876 kJ
10 g E · 7 g F · 26 g KH

Hot Dog

Die Mixed Pickles abtropfen lassen und klein hacken. Die Zwiebel schälen und fein würfeln, die Tomate waschen, vom Stielansatz befreien und in Würfel schneiden. Den Kerbel waschen, trockenschütteln und hacken. Alles mit den Mixed Pickles mischen.

Die Würstchen grillen oder in heißem Wasser erwärmen. Die Brötchen längs einschneiden. Pro Brötchen ein Würstchen und zwei Scheiben Käse darauf legen und unter dem Grill schmelzen lassen.

Anschließend die Pickles-Mischung über dem Käse verteilen und das Sandwich zusammenklappen.

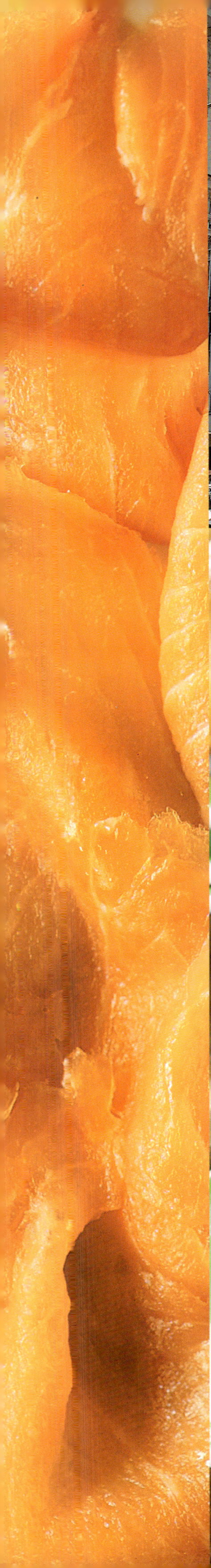

Bagel-Sandwich

Bagel-Sandwich mit Lachs

Die Bagels aufschneiden und an den Schnittflächen goldgelb toasten. Leicht abkühlen lassen.

Den Dill waschen, trockenschütteln und fein hacken. Mit dem Frischkäse vermischen. Die Zwiebel schälen und in dünne Ringe schneiden.

Die untere Bagelhälfte mit Frischkäse bestreichen, dann je zwei Lachsscheiben darauf legen. Die Zwiebelringe auf dem Lachs verteilen und das Sandwich mit der zweiten Bagelhälfte bedecken.

mit Lachs

New York

Für 4 Portionen
4 Bagels mit Sesam
1 Bund Dill
150 g Frischkäse
1 kleine Zwiebel
8 Scheiben Räucherlachs

Zubereitungszeit 10 Minuten
(plus Zeit zum Toasten)
Pro Portion ca. 167 kcal/701 kJ
9 g E · 13 g F · 2 g KH

Das **Hefegebäck** mit dem Loch in der Mitte wird vor dem Backen in Wasser blanchiert. Das sorgt für einen festen Teig mit knuspriger Hülle, zu dem süße Aufstriche genau so gut passen wie pikante oder die klassische Kombination Cream Cheese and Lox. Bagels stammen ursprünglich aus der jüdischen Küche, sind aber durch alle US-Bevölkerungsgruppen zum Frühstück und Lunch beliebt.

Sandwich mit Thunfischsalat

Oregon

Für 4 Portionen
2 Gewürzgurken
1 kleine Zwiebel
½ grüne Paprikaschote
½ Staudensellerie
200 g Thunfisch (Dose)
2 Tl Zitronensaft
1 El Mayonnaise
Salz
Pfeffer
1–2 Spritzer Tabasco
8 Scheiben Weißbrot
4 Blätter Eisbergsalat

Zubereitungszeit 20 Minuten
Pro Portion ca. 300 kcal/1260 kJ
14 g E · 11 g F · 34 g KH

Sandwich mit Thunfischsalat
Die Gurken in kleine Würfel schneiden. Die Zwiebel schälen und in dünne Scheiben schneiden oder reiben. Die Paprikaschote putzen, waschen, entkernen und sehr klein schneiden. Den Sellerie putzen, waschen und hacken.

Den Thunfisch aus der Dose nehmen und über einem Sieb abtropfen lassen. In einer Schüssel mit einer Gabel zerkleinern und mit dem Gemüse, dem Zitronensaft und der Mayonnaise mischen. Mit Salz, Pfeffer und Tabasco würzig abschmecken.

Die Brotscheiben im Toaster leicht anrösten, mit je einem Salatblatt belegen und darauf den Thunfischsalat verteilen. Eine zweite Brotscheibe darauf legen, leicht zusammendrücken und diagonal halbieren.

Probieren Sie das Sandwich auch einmal mit Eiersalat oder Geflügelsalat, in dem sich prima die Reste eines Brathuhns oder des Thanksgiving-Truthahns verwenden lassen.

Club Sandwich mit Truthahn

Maryland

Club Sandwich mit Truthahn

Die Speckscheiben in einer Pfanne ohne Fett knusprig braten, dann herausnehmen, auf Küchenpapier abtropfen lassen.

Die Mayonnaise mit Zitronensaft und Senf verrühren und mit Salz und Pfeffer würzen. Den Salat und die Tomaten waschen, die Tomaten von den Stielansätzen befreien und in Scheiben, die Salatblätter in Streifen schneiden.

Die Brotscheiben im Toaster goldgelb rösten. Vier Brotscheiben jeweils auf einer Seite mit Mayonnaise bestreichen, dann mit der Hälfte der Salatstreifen und Truthahnbrust und je einer Käsescheibe belegen. Darauf eine zweite bestrichene Brotscheibe legen (Mayonnaise nach oben) und die restlichen Zutaten darauf verteilen.

Das Club Sandwich mit einer letzten Toastscheibe bedecken und diagonal zerschneiden.

Für 4 Portionen
16 Scheiben Frühstücksspeck
4 El Mayonnaise
2 Tl Zitronensaft
1 Tl Senf
Salz, Pfeffer
2 Tomaten
8 Blätter Salat
250 g gebratene Truthahnbrust in Scheiben
8 Scheiben Käse
12 Scheiben Toastbrot

Zubereitungszeit 20 Minuten
(plus Zeit zum Toasten)
Pro Portion ca. 490 kcal/2058 kJ
30 g E · 23 g F · 38 g KH

Das klassische **Club Sandwich** mit Käse, Geflügel und Speck ist immer ein Triple Decker, also dreistöckig. Es stammt angeblich aus der Küche eines New Yorker Herrenclubs, daher sein Name.

SANDWICH BLT MIT AVOCADO
UND HÜHNCHENBRUST

SANDWICH BLT MIT
SCHINKEN UND KÄSE

SANDWICH BLT MIT
PAPRIKA UND FRISCHKÄSE

SANDWICH BLT MIT ROASTBEEF

SANDWICH BLT MIT KRABBEN

SANDWICH BLT MIT EI

Sandwich mit Speck, Salat und Tomaten

Ohio

Für 4 Portionen
- 12 Scheiben Frühstücksspeck
- 8 Scheiben Toastbrot
- 2 El Mayonnaise
- 4 Blätter grüner Salat
- 2 Tomaten
- 2 El Butter

Zubereitungszeit 10 Minuten (plus Bratzeit)
Pro Portion ca. 208 kcal/874 kJ
9 g E · 8 g F · 25 g KH

Sandwich mit Speck, Salat und Tomaten (BLT)

Die Speckscheiben in einer Pfanne ohne Fett von beiden Seiten knusprig rösten. Herausnehmen und auf Küchenpapier abtropfen lassen.

Die Toastscheiben im Toaster leicht rösten, vier Scheiben dünn mit Mayonnaise bestreichen und mit je einem Salatblatt belegen. Die Tomaten waschen, vom Stielansatz befreien und in Scheiben schneiden.

Die Tomaten auf den Salat legen und mit je zwei Scheiben Speck belegen. Die restlichen Toastscheiben mit der Butter bestreichen und die Sandwiches damit bedecken.

BLT steht für den Sandwich-Klassiker Bacon, Lettuce, Tomato (Speck, Salat, Tomate). Mit weniger Mayo, mehr Salat und Vollkorntoast wird aus Fast Food schnell eine gesunde Zwischenmahlzeit.

Reuben Sandwich

New York

Reuben Sandwich

Die Brotscheiben auf einer Seite mit dem Dressing bestreichen. Vier Brote mit je einer Scheibe Corned Beef belegen. Das Sauerkraut abtropfen lassen und über das Corned Beef legen, darauf jeweils zwei Scheiben Käse geben.

Für 4 Portionen
8 Scheiben Vollkornbrot
175 ml Thousand Island Dressing (siehe Seite 72/73)
125 g Corned Beef in Scheiben
20 g Sauerkraut
8 Scheiben Fontina
4 El Butter

Zubereitungszeit 15 Minuten (plus Brat- und Backzeit)
Pro Portion ca. 430 kcal/1806 kJ
14 g E · 31 g F · 24 g KH

Die restlichen Brotscheiben auf den Käse legen. Das Sandwich leicht zusammendrücken. Den Backofen auf 180 °C (Umluft 160 °C) vorheizen.

Die Butter in einer Pfanne erhitzen und die Sandwiches darin von beiden Seiten vorsichtig anbraten.

Die Sandwiches im Ofen 7 Minuten backen, bis der Käse geschmolzen ist. Heiß servieren.

Sauerkraut, Schweizer Käse, dunkles Brot. Das **Reuben Sandwich** steht für die deutsch-jüdischen Einflüsse in der amerikanischen Küche. In den Delis und Coffee Shops von New York ist es besonders beliebt.

Gemüse, Kartoffeln und Beilagen

Die USA sind ein riesiges Land mit vielen Klimazonen. Daher gedeihen dort Gemüse- und Obstsorten aus aller Welt.

Wichtigste pflanzliche „Ureinwohner" Nordamerikas sind jedoch Mais, Bohnen und Kürbis. Diese Arten wurden schon von den Indianern kultiviert und bildeten auch für die Einwanderer in den ersten Jahren eine Ernährungsgrundlage.

Nach und nach lernten die Siedler, welche mitgebrachten Gemüse wo in Nordamerika gediehen. So verbreiteten sich europäische Kulturpflanzen – von denen wiederum einige ursprünglich aus Südamerika kamen und den Umweg über die „alte Welt" genommen hatten: Kartoffeln, Tomaten, Erbsen, Kaffee, viele Beerenarten, Kakao. Aus Afrika schließlich stammen Okraschoten, Süßkartoffeln, Auberginen, Bananen, die die Plantagenbesitzer zunächst nur für ihre schwarzen Sklaven anbauten.

Bedeutendstes Gemüse- und Obstanbaugebiet in den USA ist Kalifornien, gefolgt von Florida, Georgia, Arizona und dem Staat (nicht der Stadt!) New York. Die größte Anbaufläche (260 000 Acres oder 105 000 Hektar) entfällt auf Zuckermais, es folgen Eisbergsalat, Zwiebeln, Wassermelonen, Brokkoli, Tomaten, Bohnen und Kürbis.

Gemüse, Kartoffeln und Beilagen

Kartoffeln, Reis, Pasta: Was die amerikanische Küche an Beilagen auf den Teller bringt, spiegelt die Essgewohnheiten vieler Einwanderergruppen wider.

Weißer Reis, Grundnahrungsmittel für zwei Drittel der Weltbevölkerung, wurde von den englischen Kolonisten nach Neuengland gebracht. Doch erst die südlicheren sumpfigen Gebiete Carolinas und Georgias erwiesen sich als ideale Anbaugebiete. Heute sind die USA drittgrößter Reisexporteur der Welt. Vor allem in der TexMex- und Südstaaten-Küche spielt Reis eine große Rolle – als Beilage wie Hoppin' John (Reis & Bohnen) oder Tortilla (Maisfladen), aber auch in köstlichen Eintöpfen wie Jambalaya oder Arroz con Pollo (Huhn und Reis). Die Bewohner von Neuengland, des Mittel- und Nordwestens bevorzugen dagegen die Kartoffel, gern in der Schale gebacken, überbacken oder als Püree. Die „Salzkartoffel mit Sauce" ist weitgehend unbekannt. Zu guter Letzt die Nudeln: Pasta gehört zur amerikanischen Küche genauso wie zur italienischen. Italienische Einwanderer, vor allem aus dem ärmeren Süden, kamen seit Mitte des 19. Jahrhunderts in größeren Zahlen in die Staaten. Die einfache, süditalienische Küche wurde schnell ein Favorit der New Yorker, wo die Italiener mit Little Italy ein eigenes Viertel besiedelten. Mit dem Beginn des Zweiten Weltkrieges waren Spaghetti mit Tomatensauce oder Meatballs (Fleischbällchen) längst Standard. Andere Gerichte wurden amerikanisiert: Chicago gilt als Geburtsort der Chicago Style Pizza, die mit dickerem Teig daherkommt und in einer höheren, runden Form gebacken wird.

SALSA AUS DOSENTOMATEN MIT CHILIS, KNOBLAUCH UND ZWIEBELN

SALSA MIT TOMATEN, SCHWARZEN BOHNEN UND MAIS

SALSA AUS MANGO UND ZWIEBELN

SALSA AUS GRÜNEN TOMATEN (MUSS GEKOCHT WERDEN)

SALSA AUS TOMATILLOS

SALSA AUS GRÜNEN UND ROTEN PAPRIKASCHOTEN

Salsa aus frischen Tomaten

New Mexico

Für 4 Portionen
450 g Tomaten*
½ Bund Frühlingszwiebeln*
1 grüne Paprikaschote*
6 Stiele frischer Koriander*
2 Peperoni aus dem Glas
Salz
1 Prise Zucker
1 Tl Senfmehl
1 El Weißweinessig

Zubereitungszeit 30 Minuten
(plus Zeit zum Durchziehen)
Pro Portion ca. 40 kcal/168 kJ
1 g E · 1 g F · 5 g KH

Salsa aus frischen Tomaten
Die Tomaten gut waschen, heiß überbrühen, von Stielansätzen, Kernen und Häuten befreien und fein hacken. Die Frühlingszwiebeln putzen, waschen und fein hacken. Die Paprika putzen, waschen, entkernen und ebenfalls hacken.

Die Korianderstiele waschen, trockenschütteln und die Blättchen von den Stielen zupfen, dann hacken.

Die Peperoni abtropfen lassen und in der Küchenmaschine zerkleinern.

Alle Gemüsesorten mit den Gewürzen und dem Essig mischen und über Nacht ziehen lassen. Dann als Beilage zu Fleisch- und Fischgerichten servieren.

* Die mit einem Sternchen versehenen Zutaten können ausgetauscht werden. Gewürze und Kräuter je nach Belieben.

2006er
Weingut St. Annagut
Gewürztraminer

Der Gewürztraminer mit seiner barocken Aromenfülle zieht immer mehr Liebhaber in seinen Bann. Zu wahrer Hochform läuft er hier auf, denn das Weingut St. Annagut lässt ihm ein gewisses Maß an Fruchtsüße, so dass der Wein mit einem Bouquet brilliert, das zum Dahinschmelzen einlädt: duftende Rosen, frische Kräuter und reife Früchte, ein höchst sinnliches Erlebnis.

Kürbis-Risotto

Oregon

Kürbis-Risotto
Die Brühe in einem Topf erhitzen und etwas köcheln lassen. Die Zwiebel schälen und fein hacken. Das Kürbisfleisch reiben.

Das Öl in einem großen Topf erhitzen und die Zwiebel darin glasig dünsten. Den Kürbis hinzufügen und etwa 5 Minuten mitdünsten. Den Salbei darüber streuen und den Reis unter Rühren zugeben. So lange rühren, bis der Reis gut mit Fett überzogen ist.

Für 4 Portionen
500–600 ml Gemüsebrühe
1 Zwiebel
250 g Winterkürbis
1 El Olivenöl
1 El frisch gehackter Salbei
200 g Arborioreis
50 g frisch geriebener Parmesan
Salz
Pfeffer

Zubereitungszeit 15 Minuten
(plus Schmor- und Garzeit)
Pro Portion ca. 275 kcal/1155 kJ
8 g E · 7 g F · 43 g KH

Unter weiterem Rühren 125 ml heiße Brühe zugießen und vom Reis aufsaugen lassen. Dann weitere 125 ml unterrühren, bis die Flüssigkeit vom Reis aufgenommen ist. Mit der restlichen Flüssigkeit ebenso verfahren, bis der Reis weich und cremig ist, aber noch Biss hat.

Zuletzt den Käse unterheben und das Risotto mit Salz und Pfeffer abschmecken.

Winterkürbis sind die Kürbisarten mit der härteren Schale, zum Beispiel Acorn, Butternut, Turban, Gelber Zentner, Hokkaido. Bei ihnen ist nur das Fruchtfleisch zum Verzehr geeignet. Aus der Schale lässt sich prima eine Halloween-Laterne basteln. Im Gegensatz zu den Sommerkürbissen wie Zucchini, Patisson oder Spaghettikürbis halten sich Winterkürbisse mehrere Monate, wenn sie kühl und trocken gelagert werden.

Dieses **süß-salzige** Gebäck wird im Süden der USA gern als Beilage gereicht, beispielsweise zu Chili, anderen herzhaften Suppen oder Fried Chicken. Bereiten Sie es in einer flachen, rechteckigen Form zu, damit sich schöne Würfel ergeben.

Einfache Variationen: Geben Sie für Blueberry Cornbread 1 El Zucker mehr zum Teig und mischen Sie 100 g TK-Blaubeeren unter; für Mexican Cornbread rühren Sie 1/2 Dose Mais, 75 g geriebenen Käse und 1 gehackte Frühlingszwiebel unter.

Maisbrot

Kentucky

Für 4 Portionen
150 g Mehl
1 El Hefe
200 g Maisgrieß
1 Tl Salz
½ Tl Natron
2 Eier
375 g Crème fraîche
1 El Honig
30 g Butter
Fett für die Form

Zubereitungszeit 15 Minuten
(plus Backzeit)
Pro Portion ca. 660 kcal/2772 kJ
14 g E · 36 g F · 67 g KH

Maisbrot

Den Backofen auf 200 °C (Umluft 180 °C) vorheizen. Das Mehl in eine Schüssel sieben, die Hefe, den Maisgrieß, Salz und Natron hinzufügen und vermischen.

In einer zweiten Schüssel die Eier mit der Crème fraîche und dem Honig verrühren. Dann die beiden Mischungen miteinander verbinden und einen Teig herstellen. Die Butter schmelzen und unter den Teig rühren.

Eine Kastenform einfetten. Den Teig in die Form füllen und das Brot im Ofen etwa 25 Minuten backen. Danach aus der Form nehmen, in Würfel schneiden und warm servieren.

Süßkartoffel-Püree

Die Süßkartoffeln waschen und an einigen Stellen die Schale etwas einritzen. Die Kartoffeln in reichlich kochendem Wasser in 30 bis 40 Minuten weich garen. Dann abgießen, abkühlen lassen und schälen.

Die Milch mit der Butter und dem Sirup in einen Topf geben und erwärmen, jedoch nicht kochen lassen.

Die Kartoffeln zerstampfen und mit der Milchmischung zu einem glatten Püree verarbeiten. Den Zitronensaft unterrühren.

Das Püree mit Salz und Pfeffer abschmecken.

Für 4 Portionen
1 kg Süßkartoffeln
250 ml Milch
1 El Butter
2 El Ahornsirup
½ Tl Zimt
Saft von ½ Zitrone
Salz
Pfeffer

Zubereitungszeit 20 Minuten
(plus Garzeit)
Pro Portion ca. 360 kcal/15[illegible]2 kJ
6 g E · 6 g [illegible] · 69 g KH

Süßkartoffel-Püree

Oklahoma

Sweet Potatos, auch als Bataten bekannt, finden Sie als Importware aus Israel und Brasilien in der Gemüseabteilung gutsortierter Supermärkte. Süßkartoffeln enthalten viel Zucker und Stärke und werden wie Kartoffeln geschält und dann gebacken, frittiert, überbacken oder gebraten. Sie können die Süßkartoffeln auch mit Schale im Ofen oder in Wasser garen und das Fruchtfleisch anschließend für Püree oder Suppen verwenden.

Baked Beans

Für 4 Portionen
250 g getrocknete weiße Bohnen
1 Tl Öl
Salz, Pfeffer
½ Tl Senf
1 ½ Tl brauner Zucker
25 ml Rübensirup
1 Zwiebel
125 ml Ketchup
125 g geräucherter Speck

Zubereitungszeit 15 Minuten
(plus Einweich- und Garzeit)
Pro Portion ca. 275 kcal/1155 kJ
20 g E · 5 g F · 37 g KH

Baked Beans

Die Bohnen über Nacht in reichlich Wasser einweichen. Am nächsten Tag in neuem Wasser in einem Topf mit dem Öl etwa 20 Minuten köcheln lassen. Die Bohnen abgießen, die Flüssigkeit auffangen. Die Gewürze mit Senf, Zucker und Rübensirup in die Kochflüssigkeit einrühren.

Die Zwiebel schälen und würfeln. Den Backofen auf 150 °C (Umluft 130 °C) vorheizen.

Die Bohnen mit dem Speck (an einem Stück), den Zwiebelwürfeln, dem Ketchup und der Würzflüssigkeit in eine Kasserolle geben, falls die Bohnen noch nicht bedeckt sind, mit kochendem Wasser auffüllen.

Die Bohnen im Backofen abgedeckt etwa 5 Stunden schmoren, währenddessen öfter nachsehen, ob noch genug Flüssigkeit in der Kasserolle ist. Nach Bedarf nachgießen. In den letzten Minuten ohne Deckel garen.

Als Beilage zu gegrilltem oder gebratenem Fleisch reichen.

Succotash

Missouri

Succotash

Die Zwiebeln schälen und hacken, die Paprikaschote putzen, waschen, entkernen und in Würfel schneiden. Das Schmalz in einem Topf erhitzen und das Gemüse darin gut andünsten.

Für 4 Portionen
- 2 Zwiebeln
- 1 rote Paprikaschote
- 2 El Schmalz
- 2 Kartoffeln
- 350 g Kidneybohnen (Dose)
- 800 g Tomaten (Dose)
- 400 g Maiskörner (Dose)
- 1 Tl Zucker
- Salz
- Pfeffer

Zubereitungszeit 20 Minuten
(plus Garzeit)
Pro Portion ca. 485 kcal/2037 kJ
17 g E · 7 g F · 87 g KH

Die Kartoffeln schälen und ebenfalls in Würfel schneiden. Mit 250 ml Wasser zum Gemüse in die Pfanne geben und alles etwa 15 Minuten köcheln.

Die Bohnen abgießen und dazugeben, die Mischung weitere 15 Minuten köcheln. Dann die Tomaten, den abgetropften Mais und den Zucker hinzufügen, erhitzen und alles mit Salz und Pfeffer abschmecken. Als Beilage zu kurz gebratenem Fleisch servieren.

Succotash ist ein Mais-Bohnen-Gericht, das schon die nordamerikanischen Indianer kannten. Die beiden Gemüsesorten wurden fast immer zusammen angebaut – die Maisstangen bilden das Gerüst für Bohnenranken, die Bohnen dienen als Gründüngung für den stark zehrenden Mais. Succotash gibt es in vielen Variationen, bei denen verschiedenste Bohnensorten, eingesalzenes Schweinefleisch oder Speck und manchmal statt einer tomatigen Brühe auch Milch oder Sahne verwendet werden.

EINGELEGTE MAISKÖLBCHEN

EINGELEGTE TOMATEN

EINGELEGTE PAPRIKASCHOTEN

EINGELEGTE WEIßE PERLZWIEBELN

EINGELEGTER BLUMENKOHL

IN ROTE-BETE-SAFT EINGELEGTE GEKOCHTE EIER

Eingelegte Bohnen

Arkansas

Für 4 Gläser à 500 g
800 g getrocknete Limabohnen*
400 g getrocknete Kidneybohnen*
600 g grüne Bohnen*
600 g Möhren*
1,25 l Apfelessig
750 g Zucker
20 g Salz

Zubereitungszeit 30 Minuten
(plus Einweich- und Garzeit)
Pro Glas ca. 698 kcal/2929 kJ
35 g E · 3 g F · 121 g KH

Eingelegte Bohnen
Die Bohnen getrennt über Nacht einweichen. Am nächsten Tag abgießen. In einem Topf mit reichlich kochendem Wasser nach Packungsanweisung garen. Die grünen Bohnen putzen und in 1,5 cm dicke Stücke schneiden. Karotten schälen und in Scheiben schneiden.

Den Apfelessig mit 375 ml Wasser, dem Zucker und Salz ebenfalls zum Kochen bringen. Dann die abgetropften Bohnen und die grünen Bohnen zugeben und 15 Minuten in dem Essigsud köcheln.

Anschließend abkühlen lassen, dann in Gläser mit Schraubdeckel füllen und luftdicht verschließen.

* Die mit einem Sternchen versehenen Zutaten können ausgetauscht werden. Gewürze und Kräuter je nach Belieben.

2006er
Weißburgunder trocken
Weingut Gysler
Rheinhessen

Im rheinhessischen Hügelland sorgt Winzer Alexander Gysler seit 1999 für Furore. Er übernahm das traditionsreiche Weingut von seinem Vater und sorgt mit unkonventionellen Ideen wie Begrünung der Rebhänge, grüner Lese zur Ertragsbegrenzung und schonender Kelterung für frischen Wind im Gut. Sein trockener Weißburgunder zeigt, dass sich dieser Einsatz gelohnt hat. Frisch und leicht mit herrlich floralen Aromen und glockenklarer Struktur!

Wirsing in Sahnesauce

Utah

Wirsing in Sahnesauce
Den Kohl putzen, die harten äußeren Blätter entfernen. Den Kopf der Länge nach halbieren, den Strunk entfernen und die Kohlhälften fein raspeln. Den Wirsing in einen großen Topf mit kochendem Salzwasser geben und 5 Minuten blanchieren. Herausnehmen und in einem Sieb abtropfen lassen.

Für 6 Portionen
1 Wirsingkopf, ca. 1 kg
Salz
220 g geräucherter Speck in Scheiben
1 Tl Kümmel
Pfeffer
125 g saure Sahne
2 Tl Senf
2 Tl frisch gehackter Dill

Zubereitungszeit 20 Minuten (plus Schmor- und Garzeit)
Pro Portion ca. 127 kcal/532 kJ
12 g E · 6 g F · 6 g KH

Den Speck in Würfel schneiden und in einer gusseisernen Pfanne 6 bis 8 Minuten braten, bis er sich goldbraun färbt. Wirsing, Kümmel, Salz und Pfeffer zugeben.

Die saure Sahne und den Senf in einer kleinen Schüssel verrühren und unter den Wirsing heben. Bei geringer Temperatur langsam erwärmen, mit gehacktem Dill bestreuen und servieren.

Vor allem in **Neuengland** und im Mittelwesten mögen die Leute als Beilage zu einem herzhaften Stück Fleisch Creamed Vegetables, Gemüse in einer sahnigen Sauce. Es gibt Rezepte für Wirsing, für Kohlrabi, Gemüsezwiebeln, Mais, Möhren, Brokkoli und, und, und ...

Natürlich können Sie auch mehrere Gemüsesorten mischen, achten Sie aber auf die unterschiedliche Blanchierzeit und passen Sie die Gewürze an.

Bohnengerichte sind in allen 50 Bundestaaten beliebt: Im Osten kommen sie eingelegt oder als Baked Beans auf den Tisch, in Kalifornien mag man sie im Salat, in Nordwesten als wärmende Suppe, und im Süden kombiniert man sie mit Reis zur klassischen Beilage Hopping John. Dieses Gericht wird traditionell zu Neujahr serviert und ist afrikanischen Ursprungs.

Für 4 Portionen	1 Tl Öl
175 g getrocknete Schwarzaugenbohnen (oder Kidneybohnen)	1 Prise Cayennepfeffer
125 g Räucherspeck	Salz
1 grüne Paprikaschote	Pfeffer
1 große Zwiebel	
200 g Naturreis	

Zubereitungszeit 20 Minuten
(plus Einweichungs- und Garzeit)
Pro Portion ca. 355 kcal/149[illegible] kJ
19 g E · 5 g F · 57 g KH

Hopping John

Alabama

Hopping John

Die Bohnen über Nacht in Wasser einweichen, am nächsten Tag waschen und abgießen. Den Speck in Würfel schneiden, die Paprikaschote putzen, waschen, entkernen und hacken, die Zwiebel schälen und ebenfalls hacken.

Die Bohnen mit den Speckwürfeln, der Paprika und der Zwiebel in einen großen Topf geben, mit Wasser bedecken und etwa 2 Stunden kochen lassen, bis die Bohnen weich sind. Nach Bedarf noch etwas Wasser zugeben.

Den Reis nach Packungsanweisung in einem zweiten Topf garen. Den Reis, Öl und Gewürze zu den Bohnen geben, mischen und noch so lange köcheln, bis die restliche Flüssigkeit aufgesogen ist.

2004
Valpolicella
Superiore
ZENATO

Wildreis-Pilz-Pfanne

Den Wildreis waschen und nach Packungsanweisung garen. Die Zwiebel schälen und hacken. Die Champignons putzen, feucht abreiben und in Scheiben schneiden.

Die Butter in einem Topf schmelzen und die Zwiebel darin glasig dünsten. Das Mehl darüber stäuben und nach und die Fleischbrühe unter Rühren hinzufügen und zum Kochen bringen. So lange rühren, bis die Masse eindickt. Den Backofen auf 175 °C (Umluft 150 °C) vorheizen.

Die Zwiebel-Pilz-Masse mit Salz und Pfeffer würzen und den Reis unterrühren. In eine gebutterte Kasserolle geben, die Mandeln darauf verteilen und im Backofen 30 Minuten backen.

Als Beilage zu Fleischgerichten servieren.

Wildreis-Pilz-Pfanne Wisconsin

Für 4 Portionen
- 450 g Wildreis
- 1 Zwiebel
- 200 g Champignons
- 2 El Butter
- 1 El Mehl
- 200 ml Hühnerbrühe
- ½ Tl Salz
- Pfeffer
- 2 El gehobelte Mandeln

Zubereitungszeit 25 Minuten
(plus Gar- und Backzeit)
Pro Portion ca. 480 kcal/2016 kJ
11 g E · 8 g F · 91 g KH

2004er
Valpolicella Superiore D.O.C.
Zenato

Zenatos saftig-würziger Valpolicella entfaltet einen faszinierenden Duft von roten Kirschen, frischen Kräutern, Veilchen und etwas Marzipan. Er gibt sich delikat und fruchtbetont und zeigt ein beeindruckend vornehmes Format und samtige Länge. Ein klassischer Vertreter der beliebten Rotweine aus der Gegend von Verona in der Nähe des Gardasees.

Makkaroni mit Käse

Für 6 Portionen
2 El Butter
3 El Mehl
1 l Milch
500 g Makkaroni
400 g frisch geriebener Pecorino
60 g frisch geriebener Parmesan
1 Tl Salz
1 Tl Pfeffer
1 Tl geriebene Muskatnuss
2 El frisch gehackte Petersilie

Zubereitungszeit 20 Minuten
(plus Gar- und Backzeit)
Pro Portion ca. 578 kcal/2429 kJ
35 g E · 18 g F · 68 g KH

Makkaroni mit Käse
Die Butter in einem Topf schmelzen und das Mehl darin anschwitzen. Unter Rühren die Milch zugeben und aufkochen lassen. Die Sauce weitere 5 Minuten köcheln, bis Sie homogen und sämig ist. Warm stellen.

Die Nudeln nach Packungsanweisung in gesalzenem Wasser bissfest garen. Dann abgießen und abtropfen lassen. Den Backofen auf 180 °C (Umluft 160 °C) vorheizen.

Die beiden Käsesorten bis auf 20 g miteinander mischen und mit den Gewürzen in die Sauce rühren. Die Nudeln dazugeben und gut mit der Sauce vermischen. In eine feuerfeste Form füllen, restlichen Käse darüber streuen und die Nudeln im Ofen etwa 20 Minuten überbacken. Mit Petersilie bestreut servieren.

Maccaroni and Cheese ist ein köstlicher Nudelauflauf. In den USA kocht ihn allerdings kaum jemand selbst, sondern man greift zum Fertig-Produkt und schiebt ihn als TV-Dinner in die Mikrowelle. Dabei schmeckt Mac'n'Cheese selbstgemacht viel besser und lässt sich prima mit einem Salat zum Hauptgericht aufwerten. Wer mag, kann Schinken- oder Salamiwürfel zu den Nudeln geben oder andere Gemüsesorten verwenden. Die müssen gegebenenfalls aber vorgegart werden.

Stuffed Potatoes

South Dakota

Stuffed Potatoes (gefüllte Kartoffeln)

Den Backofen auf 200 °C (Umluft 180 °C) vorheizen. Die Kartoffeln gut waschen und mit einer Gabel einstechen. Auf ein Backblech setzen und im Ofen etwa 45 Minuten garen.

Die Pilze putzen, feucht abreiben und in Scheiben schneiden. Die Sojasprossen waschen und gut abtropfen lassen. Die Frühlingszwiebeln putzen, waschen und in Ringe schneiden.

Für 4 Portionen
4–6 große Kartoffeln
250 g Champignons
100 g Sojabohnensprossen
6 Frühlingszwiebeln
Olivenöl
Salz, Pfeffer
50 g frisch geriebener Parmesan
1 Tl getrockneter Thymian

Zubereitungszeit 20 Minuten
(plus Back- und Schmorzeit)
Pro Portion ca. 337 kcal/1415 kJ
10 g E · 20 g F · 28 g KH

Von den Kartoffeln das obere Drittel abschneiden und das Innere etwas aushöhlen. 2 EL Öl in einer Pfanne erhitzen und die Gemüse darin kurz dünsten. Mit Salz und Pfeffer würzen. Die Gemüsemischung in die Kartoffeln füllen.

Die Kartoffeln im Ofen weitere 10 Minuten backen, anschließend mit Parmesan bestreuen und servieren.

Als **Potato Skins** finden Sie diese leckere Beilage überall in den USA auf den Speisekarten. Das Gericht ist unkompliziert – einfach mit Hühnchen, Rippchen oder Hackbraten in den Ofen schieben – und schmeckt auch mit anderen Gemüse- und Käsesorten in der Füllung.

GEBACKENE TOMATENSCHEIBEN

GEBACKENE ZUCCHINISCHEIBEN

GEBACKENE SELLERIESCHEIBEN

GEBACKENE KÜRBISSTÜCKE

GEBACKENE AUSTERNPILZE

GEBACKENE KARTOFFELSCHEIBEN

Gebackene Auberginen

Kalifornien

Für 4 Portionen
1 große Aubergine*
50 g Mehl
5 El Öl
Kräutersalz
Pfeffer
400 g italienische Nudelsauce mit Kräutern (Fertigprodukt)
2 El Johannisbeergelee
300 g Mozzarella

Zubereitungszeit 20 Minuten
(plus Brat- und Backzeit)
Pro Portion ca. 575 kcal/2415 kJ
22 g E · 41 g F · 29 g KH

Gebackene Auberginen
Die Aubergine putzen, waschen und in Scheiben schneiden. Die Auberginenscheiben etwas anfeuchten und auf einem Teller im Mehl wenden.

Das Öl in einer Pfanne erhitzen und die Scheiben darin von beiden Seiten braun braten, dann gut würzen. Den Backofen auf 200 °C (Umluft 180 °C) vorheizen.

Die Auberginenscheiben in eine feuerfeste Form legen. Die Nudelsauce mit dem Johannisbeergelee verrühren und erhitzen, bis das Gelee sich aufgelöst hat. Den Mozzarella in Scheiben schneiden. Die Sauce über die Auberginen geben, mit Mozzarellascheiben belegen und im Ofen etwa 15 Minuten überbacken, bis der Käse geschmolzen ist.

* Die mit einem Sternchen versehenen Zutaten können ausgetauscht werden. Gewürze und Kräuter je nach Belieben.

Maismehlkrapfen

South Carolina

Maismehlkrapfen

Das Mehl, die Maisstärke und das Backpulver mit den Gewürzen in einer Schüssel verrühren und das Ei unterheben.

Die Milch in einem Topf aufkochen und die Butter darin schmelzen. Dann mit der Maismehlmischung verrühren, bis eine glatte Masse entsteht. Den Schnittlauch hacken und unter den Teig mischen, dann alles etwas abkühlen lassen.

Für 25 Stücke
180 g Maismehl
50 g Maisstärke
1 El Backpulver
½ Tl Salz
½ Tl Knoblauchpulver
½ Tl Cayennepfeffer
1 Ei
250 ml Milch
25 g Butter
½ Bund Schnittlauch
Sonnenblumenöl zum Frittieren

Zubereitungszeit 30 Minuten
(plus Frittierzeit)
Pro Stück ca. 86 kcal/363 kJ
1 g E · 6 g F · 8 g KH

Aus der Masse mit angefeuchteten Händen kleine Bällchen formen. Das Öl in einem hohen Topf erhitzen und die Krapfen darin portionsweise von jeder Seite etwa 3 Minuten goldbraun frittieren. Herausnehmen und auf Küchenpapier abtropfen lassen.

Die Maismehlkrapfen als Beilage zu Fisch und Fleisch servieren.

In den USA kennt man diese Krapfen als **Hush Puppies**: Ihren Namen haben sie angeblich daher, dass die Köche mit einem beruhigenden „Hush, Puppies“ (Ruhig, Hunde) einige Bröckchen den Vierbeinern zuwarfen, damit die angesichts des verlockenden Duftes von Krapfen und frittiertem Fisch zu bellen aufhörten.

Hush Puppies können Sie statt mit Milch auch mit Buttermilch anrühren und mit Natron lockern.

Barbecue und Picknick

Barbecue in den USA ist mehr als nur eine Zubereitungsweise: Freizeitvergnügen, gesellschaftliches Ereignis, Feiertagsritual.

Barbecue – kurz BBQ – mit Grillen zu übersetzen ist zwar üblich, aber eigentlich falsch. Grillen ist das direkte Garen über der Glut, Barbecue ist indirektes Garen. Durch ein Holzfeuer in einem separaten Behälter gelangen Hitze und Raucharoma an die Fleischstücke, die in einem anderen, geschlossenen Garraum braten und gleichzeitig räuchern. Allerdings ist das echte Barbecue in Spezial-Grills zeitaufwendiger, die Apparatur kostspielig. So wird auch in den USA mehr gegrillt als gebarbecued – und zwar zu allen Gelegenheiten: an Feiertagen, am Wochenende mit Nachbarn, bei Veranstaltungen und Festen. Sogar Grillwettbewerbe gibt es!

Grillköche in den USA – und Sie vermutlich auch – haben eigene Vorstellungen davon, wie Grill- oder Barbecue-Fleisch gewürzt werden sollte. Es gibt unterschiedliche Methoden: Mit trockenen Rubs, also Gewürzmischungen, werden rohe Fleischstücke eingerieben. Flüssige Marinaden sind zum Einlegen gedacht und Saucen wiederum zum Bestreichen und als extra Dip. Was die Geschmacksnote angeht, so zeigen sich große regionale Unterschiede. In Texas finden Sie dicke Saucen auf Ketchup-Basis mit Raucharoma, in Louisiana flüssige, scharfe Apfelessig-Chili-Marinaden. Und in Kalifornien wird auch schon mal Hoisin- oder Sojasauce benutzt. Östlich des Mississippi ist vor allem Schweinefleisch beliebt, der Westen bevorzugt Rindfleisch – und im ganzen Land mag man Steaks, Hamburgerscheiben vom Grill, Würstchen und Geflügel.

Barbecue und Picknick

Wo sich eine spektakuläre Aussicht bietet, wo man gut rasten kann, da finden Sie meist auch eine Picnic Area – Bänke und Tische fürs Picknick.

Die Amerikaner mögen Open-Air-Essen. Bei kaum einem Familienausflug oder Feiertagsvergnügen fehlt der gepackte Picknickkorb. Oder es wird vor einem Sportereignis gleich der ganze Kofferraum des Autos mit Essbarem beladen und bis zum Anpfiff mit Freunden geplündert. Dafür gibt es sogar eine eigene Wortschöpfung: Tailgate Picnic.

Picknicks werden übrigens auch gerne als Potluck ausgerichtet: Topfglück – so die wörtliche Übersetzung – ist ein US-Brauch, bei dem jeder Gast ein Gericht mitbringt. Das entlastet den Gastgeber, bietet den Essern große Auswahl und weckt den Ehrgeiz der Köche: Welche Schüssel ist am ehesten leer, wer wird am häufigsten nach dem Rezept gefragt, welches Dessert sieht am leckersten aus?

Sind Sie als Gast zu einem Potluck-Event geladen oder richten Sie ein Picknick aus, sollten Sie Speisen zubereiten, die sich gut transportieren lassen, lauwarm oder kalt noch schmecken und nicht so schnell verderben. Entscheiden Sie sich für Salate und Fleischstücke, die sich aus der Hand essen lassen. Als Desserts sind Blechkuchen und Kleingebäck wie Brownies gut geeignet, als Vorspeisen Dips, Chips und Gemüsestifte.

BURGER MIT CHILI, OLIVEN UND SAURER SAHNE

BURGER MIT MEERRETTICH UND PAPRIKA

BURGER MIT CHEDDAR- ODER SCHMELZKÄSESCHEIBEN

BURGER MIT BLAUSCHIMMELKÄSE

BURGER MIT LAMMHACK

BURGER MIT PILZEN

Hamburger

Ganz Amerika

Für 4 Portionen
600 g Rinderhack*
50 g Haferflocken*
2 El Ketchup*
2 El Milch
1 El Dijonsenf*
1 Ei
Rauchsalz, Pfeffer
½ Tl getrockneter Oregano
2 El Öl
1 Zwiebel
4 Hamburger-Brötchen
2 El Butter

Zubereitungszeit 15 Minuten
(plus Bratzeit)
Pro Portion ca. 533 kcal/2237 kJ
37 g E · 28 g F · 34 g KH

Hamburger
Das Rinderhack mit Haferflocken, Ketchup, Milch, Senf und Ei zu einem Teig vermengen und gut durchkneten. Mit Salz, Pfeffer und Oregano würzen.

Aus dem Teig vier gleich große Fleischklopse formen. Das Öl in einer Pfanne erhitzen und die Klopse darin von beiden Seiten gut anbraten, dann bei geringerer Temperatur etwa 7 Minuten garen.

Die Zwiebel schälen und in Ringe schneiden. Kurz vor Ende der Garzeit auf die Burger legen und kurz mitgaren.

Die Brötchen halbieren und mit Butter bestreichen. Dann unter dem Grill rösten. Je Brötchen einen Fleischburger hineinlegen, mit Zwiebelringen belegen und mit Ketchup servieren. Nach Belieben mit Tomatenscheiben und Salatblättern dekorieren.

* Die mit einem Sternchen versehenen Zutaten können ausgetauscht werden. Gewürze und Kräuter je nach Belieben.

Deli Style Nudelsalat

Deli Style Nudelsalat

Die Nudeln nach Packungsanweisung bissfest garen, abgießen und abkühlen lassen.

Den Käse und die Salami in Würfel schneiden. Die Oliven in Scheiben schneiden. Die Tomaten waschen, von den Stielansätzen befreien und achteln. Die Zwiebel schälen und in dünne Ringe, die Zucchini putzen, längs halbieren und in Scheiben schneiden. Den Käse, die Salami, die Oliven und das Gemüse mit den Nudeln vermischen.

Die Paprikaschoten putzen, waschen, entkernen und klein hacken. Den Knoblauch schälen und fein zerdrücken. Für die Salatsauce Paprikaschoten, Knoblauch, Petersilie, Parmesan, Olivenöl, Rotweinessig, Senf, Oregano, Basilikum, Salz und Pfeffer in ein Schraubglas geben und gründlich durchschütteln. Alles über den Pastasalat geben und einige Stunden durchziehen lassen.

Für 4 Portionen
300 g Nudeln
(z. B. dreifarbige Penne)
100 g Provolone
100 g Salami
50 g schwarze Oliven
ohne Stein
2 Tomaten
1 kleine rote Zwiebel
1 kleine Zucchini
je 1/2 grüne und rote
Paprikaschote
1 Knoblauchzehe
1 El frisch gehackte Petersilie
50 g frisch geriebener Parmesan
100 ml Olivenöl
50 ml Rotweinessig
1/2 Tl Senf
je 1 Prise getrockneter Oregano
und getrocknetes Basilikum
1/4 Tl Salz
1 Prise Pfeffer

Zubereitungszeit 20 Minuten
(plus Zeit zum Garen und Ziehen)
Pro Portion ca. 678 kcal/2845 kJ
27 g E · 38 g F · 56 g KH

Ein **Delicatessen** ist eine Art Tante-Emma-Laden, in dem Sandwiches, Käse, Aufschnitt, eingelegte Gemüse, Salate und kalte Getränke verkauft werden. New York ist das Zentrum der ursprünglich jüdischen Deli-Kultur. Hier finden Sie an fast jeder Ecke einen solches Geschäft, in dem sich die New Yorker mit Frühstück oder Lunch eindecken. Wie man in einem Deli richtig bestellt, ist eine Wissenschaft für sich: Nennen Sie den Belag (zum Beispiel „tuna salad" oder „ham and cheese"), die Brotsorte (white, brown, rye) und geben Sie an, ob Sie Ihr Brot mit oder ohne Majo („no mayo") wünschen.

Zuckermais ist das beliebteste Gemüse der USA. Als Corn on the Cob werden die Kolben im Ganzen gegrillt oder gekocht, anschließend reichlich gebuttert und gesalzen. Creamed Style Corn wird in weißer Sauce serviert, Mais aus der Konserve ist oft mit anderen Gemüsesorten gemischt, zum Beispiel Bohnen oder Paprika.

Wie man Corn on the Cob stilgerecht isst? Vergessen Sie den Stil, nehmen Sie den Kolben in die Hand und nagen Sie die Körner ab!

Mais vom Grill

New Orleans

Für 4 Portionen
50 g weiche Butter
1 Prise Salz
1 Prise Pfeffer
4 Kolben frischer Zuckermais
Alufolie

Zubereitungszeit 10 Minuten
(plus Grillzeit)
Pro Portion ca. 228 kcal/958 kJ
5 g E · 12 g F · 24 g KH

Mais vom Grill

Die Butter weich werden lassen und mit etwas Salz und Pfeffer würzen.

Die Maiskolben putzen und mit der Butter bestreichen. Anschließend gut in Alufolie einwickeln, die Enden zusammendrehen.

Die Maiskolben am Rande des Grills bei mittlerer Hitze etwa 35 Minuten grillen.

THE UNITED STATES

McILHENNY CO.
AVERY ISLAND LA.
MADE IN U.S.A.
TABASCO
BRAND
PEPPER SAUCE
57 mL
Original: würzig-scharf
57 ml
McILHENNY COMPANY
AVERY ISLAND, LA 70513

Chicken Wings

Die Hähnchenflügel waschen, trockentupfen und die Flügelspitzen abschneiden.

Für die Marinade die Butter schmelzen und mit Paprikapulver, Tabasco und Zitronensaft mischen. Die Flügel mit der Marinade bestreichen und auf dem Grill unter mehrmaligem Wenden knusprig braten.

Für den Dip den Knoblauch schälen und fein hacken. Den Käse mit einer Gabel zerdrücken und mit den restlichen Zutaten verrühren. Mit Pfeffer und 1 Prise Zucker abschmecken. Die Hähnchenflügel mit dem Dip servieren.

Chicken Wings

New York

Für 4 Portionen

1 kg Hähnchenflügel
3 El Butter
1 Tl Paprikapulver
je 1 El Tabasco und Zitronensaft
1 Knoblauchzehe
100 g Blauschimmelkäse
50 g Crème fraîche
50 g Mayonnaise
150 g Naturjoghurt
1 El Zitronensaft
Pfeffer
Zucker

Zubereitungszeit 20 Minuten
(plus Zeit zum Fritieren)
Pro Portion ca. 828 kcal / 3475 kJ
49 g E · 69 g F · 4 g KH

Die **Anchor Bar** in Buffalo gilt als Geburtsort der Chicken Wings. Der Legende nach soll sich Eigentümerin Theresa Bellisimo im Jahre 1964 einer Horde hungriger Jungs, Freunden ihres Sohnes, gegenüber gesehen haben. Weil die „guten Teile" der Hähnchen in ihrer Küche alle schon verzehrt waren, ersann sie ein Rezept für die übrig gebliebenen Flügel – sie fritierte sie kurz, schwenkte sie in einer Butter-Tabasco-Sauce und servierte Gemüsestreifen und einen Blue-Cheese-Dip dazu, der die Schärfe nehmen sollte. Echte „Buffalo Wings" werden frittiert. Sie können die Flügelchen aber auch in eine Grillmarinade Ihrer Wahl einlegen und im Backofen 30 bis 45 Minuten braten.

Schweinekoteletts mit Apfel-Ingwer-Dip

Für 4 Portionen
4 Schweinekoteletts à 200 g
3 Knoblauchzehen
5 El Zitronensaft
2 1/2 El geriebene Ingwerwurzel
160 ml Ketjap manis
2 El Sojasauce
80 ml Reisessig
3 El Olivenöl
1 Tl Pfeffer
4 Äpfel
60 g Zucker
2 El Reiswein
Cayennepfeffer

Zubereitungszeit 20 Minuten
(plus Zeit zum Marinieren und Grillen)
Pro Portion ca. 480 kcal, 2015 kJ
45 g E · 15 g F · 41 g KH

Schweinekoteletts mit Apfel-Ingwer-Dip
Die Koteletts von Fett befreien. Den Knoblauch schälen und fein hacken. Mit 2 1/2 El Zitronensaft, 1 1/2 El Ingwer, Ketjap manis, Sojasauce, Reisessig, Olivenöl und Pfeffer zu einer Marinade verrühren und die Koteletts darin über Nacht ziehen lassen.

Die Äpfel schälen, das Kerngehäuse entfernen, das Fruchtfleisch vierteln und in Spalten schneiden. Den Zucker mit dem restlichen Zitronensaft und dem Reiswein erhitzen, nicht aufkochen, dann die Apfelspalten hineingeben. Bei geringer Temperatur etwa 15 Minuten garen.

Die Äpfel zerkleinern und den Dip mit dem restlichen Ingwer und dem Cayennepfeffer abschmecken.

Die Koteletts aus der Marinade nehmen und abtupfen. Auf dem heißen Grill von jeder Seite etwa 8 Minuten grillen. Mit dem Apfel-Ingwer-Dip servieren.

Ob nun Pork Chops (Koteletts), Ham (Schweineschinken), Sausages (Bratwürstchen) oder Bacon (Frühstücksspeck) – vor allem im Osten und Süden der USA kommt **Schweinefleisch** in vielerlei Art auf den Tisch. Im Westen dagegen ist Rindfleisch beliebter. Die Ausnahme bildet Hawaii, wo sich das Fleisch ausgewilderter Schweine zur Lieblingsspeise der Inselbewohner entwickelte. Bei traditionellen Festen werden oft ganze Schweine in Blätter gewickelt und in einer Erdgrube geröstet – das nennt sich Luau.

Spareribs

Georgia

Spareribs

Die Spareribs in einem Topf mit Brühe etwa 30 Minuten kochen lassen. Die übrigen Zutaten außer den Zitronen in einer Schüssel vermischen und in einem Topf etwa 15 Minuten köcheln.

Die Spareribs aus dem Topf nehmen, trockentupfen und mit Pfeffer und Salz einreiben und mit etwas Sauce bestreichen.

Für 4 Portionen
2 kg dicke Schweinerippe (Spareribs)
1 l Brühe
2 Zwiebeln
150 g Pfirsichmarmelade
3 El Ketchup
50 g Zucker
50 ml Essig
30 ml Worcestersauce
1 Tl Paprikapulver
1 Tl Senf
1/4 Tl Tabasco
2 Zitronen
Salz
Pfeffer

Zubereitungszeit 15 Minuten
(plus Koch- und Grillzeit)
Pro Portion ca. 875 kcal/3675 kJ
44 g E · 55 g F · 48 g KH

Auf den Grill legen und bei mittlerer Temperatur etwa 1 Stunde grillen. Nach 30 Minuten wenden und erneut mit Sauce bestreichen. Die Zitrone heiß abwaschen und in Scheiben schneiden. Auf die Spareribs legen.

Eventuell mit Alufolie abdecken, wenn die Spareribs zu dunkel werden.

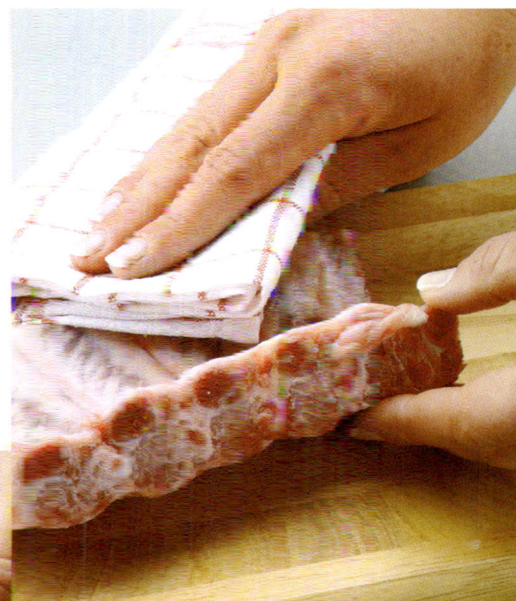

COLE SLAW MIT ROTKOHL

COLE SLAW MIT ÄPFELN

COLE SLAW MIT NÜSSEN

COLE SLAW MIT ROTEN BETEN

COLE SLAW MIT KÜRBIS

COLE SLAW MIT MANDARINEN

Kohlsalat mit Möhren

Pennsylvania

Für 8 Portionen
1 kleiner Weißkohl
3 Möhren*
50 ml Olivenöl
Salz
Pfeffer
1 TL Senf
Tabasco
2 EL Zucker
50 ml Essig
100 g Sahne
1 Eigelb

Zubereitungszeit 20 Minuten (plus Garzeit)
Pro Portion ca. 73 kcal/307 kJ
1 g E · 6 g F · 4 g KH

Kohlsalat mit Möhren (Cole Slaw)

Den Kohl putzen, den harten Strunk entfernen und den Kohl sehr fein schneiden oder hobeln. Die Möhren schälen und reiben. Beide Gemüse gut vermischen.

In einem Topf Olivenöl auf kleiner Flamme einige Minuten köcheln. Salz, Pfeffer, Senf, etwas Tabasco und Zucker nach Geschmack hinzufügen, dann den Essig angießen.

Die Sahne mit dem Eigelb verquirlen und unter die Öl-Gewürz-Mischung rühren. Die Masse erhitzen und rühren, bis das Dressing andickt. Mit Salz und Pfeffer abschmecken und noch warm über den Salat geben. Gut untermischen und einige Stunden im Kühlschrank durchziehen lassen.

* Die mit einem Sternchen versehenen Zutaten können ausgetauscht werden. Gewürze und Kräuter je nach Belieben.

Kartoffelecken

Idaho

Kartoffelecken
Die Kartoffeln gut schrubben, mit der Schale längs in Viertel oder Achtel schneiden. Die Süßkartoffeln schälen und in Spalten schneiden. Den Backofen auf 210 °C (Umluft 190 °C) vorheizen.

Für 4 Portionen
600 g kleine Kartoffeln
oder 4 Süßkartoffeln
5 El Öl
2 El brauner Zucker
1 Tl Zimt
3 El Ahornsirup

Zubereitungszeit 20 Minuten (plus Backzeit)
Pro Portion ca. 197 kcal/828 kJ
3 g E · 6 g F · 31 g KH

Die Kartoffelstücke gut im Öl wenden und auf ein Backblech legen. Den Zucker mit dem Zimt mischen und über die Kartoffeln streuen. Mit Ahornsirup beträufeln. Etwa 1 Stunde im Ofen backen, dabei mehrfach wenden und mit Öl bepinseln.

Satt mit Zucker und Zimt können die Kartoffeln auch mit einer Mischung aus Salz, Pfeffer, Paprikapulver, Chili und Knoblauch bestrichen werden.

Lassen Sie Ihrer Fantasie freien Lauf: Wer die süßliche Würze nicht mag, verrührt Paprika, Gewürzsalz oder getrocknete Kräuter mit Olivenöl und gart die Potato Wedges darin.

Ungeschälte Kartoffeln? In den USA gang und gäbe. Auch die berühmten Baked Potatos werden nicht geschält, sondern in der Schale serviert. Piksen Sie die Knollen an, packen Sie sie in Alufolie und legen Sie sie eine gute Stunde auf den nicht zu heißen Grill, anschließend aufdrücken und etwas gesalzene Butter darauf zerfließen lassen – hmm!

In diesem Rezept manifestiert sich das spanische Erbe der amerikanischen Küche – **Gazpacho** ist eine kalte, andalusische Gemüsesuppe, sehr erfrischend und würzig. Die Amerikaner haben das Rezept durch die Verwendung von Tomatensaft vereinfacht.

Rösten Sie zuhause etwas Toastbrot in Knoblauchöl und streuen Sie beim Picknick die Croûtons über das Gericht. Lecker schmeckt auch Ciabatta- oder Baguettebrot.

Gazpacho fürs Picknick

New Mexiko

Für 4 Portionen
2 Salatgurken
2 grüne Paprikaschoten
2 Möhren
3 Stangen Staudensellerie
4 Frühlingszwiebeln
300 ml Tomatensaft
50 ml Olivenöl
Salz, Pfeffer
Tabasco nach Geschmack

Zubereitungszeit: 25 Minuten
Pro Portion ca. 114 kcal/477 kJ
3 g E · 7 g F · 9 g KH

Gazpacho fürs Picknick
Die Salatgurken schälen, halbieren und die Kerne mit einem Löffel entfernen. Die Paprikaschoten putzen, waschen, entkernen und grob zerkleinern. Die Möhren schälen und klein schneiden. Den Staudensellerie putzen, waschen und klein schneiden. Die Frühlingszwiebeln putzen, waschen und grob zerschneiden.

Alle Zutaten außer den Gewürzen in einen Mixer geben und nicht zu fein pürieren. Anschließend das Gazpacho mit den Gewürzen pikant abschmecken.

BBQ Spice Rub
Alle Gewürze gut miteinander vermengen und in ein Schraubglas füllen.

Rindfleisch oder Schweinerippchen einen Tag vor dem Grillen damit einreiben, in Klarsichtfolie wickeln und über Nacht im Kühlschrank ziehen lassen. Fisch und Hühnchen nur etwa 1 Stunde marinieren.

BBQ Sauce
Alle Zutaten gut miteinander vermischen und in einem Topf aufkochen. 30 Minuten bei geringer Temperatur köcheln lassen, bis die Sauce andickt.

Mustard Paint (Senfglasur)
Alle Zutaten miteinander verrühren und in einem Schraubglas im Kühlschrank aufbewahren (hält sich mehrere Wochen). Zum Einreiben von Grillfleisch.

Für ca. 250 g BBQ Spice Rub
1 Tl Knoblauchpulver
1 Tl Zwiebelpulver
1 Tl Salz
1 Tl Cayennepfeffer
1 Tl schwarzer Pfeffer
1 Tl weißer Pfeffer
175 g brauner Zucker
50 g mildes Paprikapulver

Zubereitungszeit 10 Minuten
Gesamt ca. 902 kcal/3788 kJ
10 g E · 7 g F · 197 g KH

BBQ Spice Rub — Missouri

BBQ Sauce — Tennessee

Mustard Paint — Alabama

Für ca. 250 ml BBQ Sauce
100 ml Ketchup
100 ml Rotweinessig
50 g brauner Zucker
25 g Melasse (oder heller Honig)
½ Tl Liquid Smoke
½ Tl Salz
¼ Tl Pfeffer
¼ Tl Knoblauchpulver
¼ Tl Zwiebelpulver

Zubereitungszeit 5 Minuten
(plus Kochzeit)
Gesamt ca. 422 kcal/1772 kJ
4 g E · 1 g F · 95 g KH

Für ca. 500 g Mustard Paint
200 ml Bier
250 g mittelscharfer Senf
100 g brauner Zucker
½ Tl Salz
½ Tl Pfeffer
Tabasco nach Geschmack

Zubereitungszeit 5 Minuten
Gesamt ca. 708 kcal/2973 kJ
4 g E · 2 g F · 120 g KH

Gegrillte Garnelen

Für 4 Portionen
16 Riesengarnelen
40 g Butter
2 Tl Cajun-Gewürzmischung (Salz, Ingwer, Cayennepfeffer, gemahlener Koriander, Knoblauchpulver)
100 g Frühstücksspeck
4 Zwiebeln
4 Knoblauchzehen
1 El Öl
2 El Aceto balsamico
1 El Gemüsebrühe
Salz
Pfeffer

Zubereitungszeit 10 Minuten
(plus Grillzeit)
Pro Portion ca. 305 kcal/[illegible] kJ
36 g E · 16 g F · 6 g KH

Gegrillte Garnelen
Die Garnelen aus der Schale brechen und den Darm entfernen. Die Butter schmelzen, abkühlen lassen und die Garnelen damit bestreichen. Die Gewürzmischung darüber streuen. Die Zwiebeln und den Knoblauch schälen, die Zwiebeln vierteln, den Knoblauch halbieren. Den Speck in mittlere Streifen schneiden.

Die Garnelen abwechselnd mit Speck, Zwiebeln und Knoblauch auf Grillspieße stecken.

2006er
Los Vascos Sauvignon Blanc
Domaines Barons de Rothschild (Lafite)

Nur eingefleischten Kennern der chilenischen Weinszene ist bekannt, dass Los Vascos auch einen Sauvignon Blanc herstellt. Sein Bouquet ist glasklar und frisch mit Anklängen an Stachelbeeren, Birnen und exotischen Früchten: Am Gaumen entwickelt sich die pure Frucht, der Geschmack bleibt dabei ausgeglichen, saftig und verführerisch. Zu Recht trägt der Wein den berühmten Los Vascos-Namen!

Auf dem Grill von beiden Seiten 8 bis 10 Minuten grillen. Öl, Essig, Brühe und Gewürze miteinander verrühren und die Garnelenspieße während des Grillens damit einpinseln. Dazu Cole Slaw (siehe Seite 136) oder ein Mango-Relish servieren.

Gegrillter Thunfisch mit Aioli

Florida

Gegrillter Thunfisch mit Aioli

Die Knoblauchzehen schälen und fein hacken. Mit Zitronensaft verrühren und mit dem Schneebesen unter kräftigem Rühren unter die Eigelbe schlagen, bis die Masse schaumig und dickflüssig ist.

Für 4 Portionen
4 Knoblauchzehen
Saft von 2 Zitronen
2 Eigelb
500 ml Olivenöl
Salz
Pfeffer
4 Thunfischsteaks (à 200 g)
2 El Öl

Zubereitungszeit 20 Minuten
(plus Grillzeit)
Pro Portion ca. 710 kcal/2982 kJ
46 g E · 59 g F · 0 g KH

Unter weiterem Rühren in dünnem Strahl stets so viel Olivenöl zugießen, dass es sich gleich mit der Masse verbindet. Alles schließlich zu einer dicken Creme verrühren und mit Salz und Pfeffer abschmecken.

Die Fischsteaks abtupfen und mit Salz und Pfeffer würzen. Mit dem Öl einpinseln und auf dem heißen Grill von jeder Seite etwa 5 Minuten grillen, sodass sie innen noch ein bisschen roh sind.

Die Thunfischsteaks mit Aioli und frischem Gemüse servieren.

Dieses Gericht vereint typische Produkte des Sunshine State (Sonnenschein-Staates) Florida: frischen Fisch, Zitronen, Olivenöl. Auf der Halbinsel zwischen Atlantik und dem Golf von Mexiko wächst die Hälfte der Zitrusfrucht-Produktion der USA – der Staat lebt aber weniger von der Landwirtschaft als von den etwa 80 Millionen jährlichen Touristen.

FETA-STICKS

CHEDDAR-/EMMENTALER-STICKS

PAPRIKA-STICKS

KARTOFFEL-STICKS

LAUCH-STICKS

STAUDENSELLERIE-STICKS

Mozzarella-Sticks

Illinois

Für 20 Stücke
2 Eier
250 g Paniermehl
getrockneter Oregano
getrocknetes Basilikum
frisch gehackte Petersilie
½ Tl Knoblauchsalz
150 g Mehl
30 g Speisestärke
3 Mozzarella-Käse in Lake*
Öl zum Frittieren

Zubereitungszeit 15 Minuten
(plus Zeit zum Frittieren)
Pro Stück ca. 187 kcal/783 kJ
7 g E · 10 g F · 16 g KH

Mozzarella-Sticks
Die Eier in einer Tasse verquirlen und mit 50 ml Wasser verrühren. In einer zweiten Tasse Paniermehl, Kräuter und Knoblauchsalz, in einer dritten Mehl und Speisestärke mischen.

Den Käse gut abtropfen lassen und trockentupfen, dann in dicke Stifte schneiden.

Das Öl in der Fritteuse oder einem großen Topf auf 190 °C erhitzen.

Die Käsestifte zuerst in Mehl wenden, dann in die Eimischung tauchen und zuletzt in Paniermehl wenden.

Im heißen Öl in etwa 30 Sekunden goldbraun frittieren, auf Küchenpapier abtropfen lassen und mit einer Salsa oder einem Dip servieren.

* Die mit einem Sternchen versehenen Zutaten können ausgetauscht werden. Gewürze und Kräuter je nach Belieben.

Coffee Cake

Nebraska

Coffee Cake

Die Butter mit dem Zucker und dem Vanillinzucker in einer Schüssel verrühren. Die Eier unterrühren und das Mehl mit dem Backpulver darüber sieben. Aus den Zutaten einen glatten Rührteig herstellen. Den Backofen auf 200 °C (Umluft 180 °C) vorheizen.

Für die Füllung die saure Sahne mit dem braunen Zucker und den Nüssen vermischen.

Den Teig im Wechsel mit der Füllung in eine Guglhupfform schichten, eine Gabel spiralförmig durch den Teig ziehen (wie bei Marmorkuchen). Den Kuchen etwa 1 Stunde im Ofen backen.

Für 18 Stücke
250 g Butter
250 g Zucker
1 Päckchen Vanillinzucker
3 Eier
350 g Mehl
2 Tl Backpulver
200 g saure Sahne
100 g brauner Zucker
75 g gemahlene Walnüsse
1 Tl Zimt

Zubereitungszeit 15 Minuten
(plus Backzeit)
Pro Stück ca. 292 kcal/1226 kJ
3 g E · 15 g F · 34 g KH

Die amerikanische Küche kennt viele verschiedene Variationen von Coffee Cake. Die saftigen, zimtwürzigen Rührkuchen werden zum Frühstück oder als Snack zwischendurch serviert.

Gut schmeckt Kaffeekuchen auch mit Streuseln aus braunem Zucker, Zimt, Mehl und Butter, die Sie entweder über den Kuchen streuen oder in Lagen dazwischen schichten. Oder Sie geben gehackte Pecannüsse und feine Apfelwürfel in den Teig.

Ein eindrucksvolles Dessert, das aber viel weniger Arbeit macht als es scheint: Der Watermelon Basket macht sich prima auf einem Buffet und beim Picknick. In letzterem Falle nehmen Sie ihn besser ungefüllt mit, damit er nicht zu schwer wird und womöglich zerbricht. Geben Sie erst kurz vor dem Servieren den Obstsalat hinein.

Für 6 Portionen
2 Honigmelonen
ca. 1 kg frisches gemischtes Obst der Saison, z. B. Birnen, Erdbeeren, Trauben, Bananen, Äpfel
Zucker
2 El Zitronensaft

Zubereitungszeit 30 Minuten
Pro Portion ca. 94 kcal/396 kJ
1 g E · 1 g F · 22 g KH

Früchtekorb mit Melone

Früchtekorb mit Melone

Von der Melone auf einer Seite so viel Schale abschneiden (nicht das Fruchtfleisch verletzen), dass eine ebene Fläche entsteht, auf der sie stehen kann. Das ist der untere Teil des Melonenkorbes.

Bei der Melone im oberen Drittel über die Mitte nach oben einen etwa 5 cm breiten „Henkel" ausschneiden, sodass ein „Korb" entsteht. Die Seitenteile des Korbes, neben dem Henkel, vorsichtig herausschneiden. Den Rand der Melone v-förmig einschneiden, sodass der Korb einen gezackten Rand bekommt.

Den Korb aushöhlen – am besten mit einem Melonenausstecher – und das Fruchtfleisch beiseite stellen. Mit einem Löffel restliches Fruchtfleisch herausschaben.

Die übrigen Obstsorten je nach Sorte verlesen, putzen, schälen, entkernen und in kleine Stücke schneiden. Mit den Melonenkugeln mischen und nach Geschmack zuckern und Zitronensaft dazugeben.

Die Früchte in den Melonenkorb füllen und servieren.

Fleisch und Geflügel

Die USA gelten als Nation der Fleischliebhaber – schon seit Cowboytagen.

Und eine Nation der Fleischliebhaber sind sie nach wie vor: Jeder US-Bürger verzehrte 2004 fast 28 Kilo Rindfleisch, 21 Kilo Schweinefleisch und 26 Kilo Geflügel – mehr als sonstwo auf der Welt.

Gefragt vom Rind sind vor allem Kurzbratstücke. Schlachttiere werden extra so zerlegt, dass möglichst viele Steaks in großzügigen Zuschnitten entstehen. „Spitzenreiter" ist das Porterhouse Steak mit Filet-, Knochen- und Roastbeef-Anteil und bis zu einem Kilo Gewicht!

Dabei waren nicht Rinder, sondern Schweine die ersten Haustiere, die in Nordamerika eingeführt wurden. Schweine suchten sich freilaufend in den Wäldern ihr Futter, Rinderherden brauchten dagegen ausgedehnte Graslandflächen. Die gab es im Westen natürlich im Überfluss, aber erst als man mit Eisenbahnlinien das riesige Land erschloss und Kühltransporte rollten, wurde die Vermarktung des Fleisches in großem Stil möglich.

Eine besondere Fleischspezialität der USA ist Bison – das Fleisch der mächtigen, zottigen Büffel. Es ist besonders mager und eiweißreich, sehr zart, dunkler als Rind und hat keinen Wildgeschmack. Bisonfleisch wird als Steak, Stew oder Buffalo Burger geschätzt – leider bekommt man es in Deutschland nur bei wenigen, speziellen Zuchtbetrieben.

Fleisch und Geflügel

Nackter Kopf, runzliger Hals, plumper Körper – als Schönheit geht die Pute sicherlich nicht durch.

Trotzdem ist Turkey, der Truthahn, einer der berühmtesten Vögel des Kontinents. Weil er höchst nützlich und weltweit einzigartig sei, wollte ihn Benjamin Franklin sogar statt des Weißkopfseeadlers zum Wappentier des Landes machen!

Wildputen wurden bereits von den nordamerikanischen Indianern gejagt, und auch die Kolonisten lernten das helle, wohlschmeckende Fleisch der schweren Vögel zu schätzen. Schon beim allerersten Thanksgiving, dem Erntedankfest der Pilgerväter, wurde gebratener Truthahn serviert, und die meisten amerikanischen Familien führen diese Tradition bis heute fort. Beim Festtagsbraten handelt es sich allerdings nur selten um Wildpute (die sind nahezu ausgestorben), sondern um speziell gezüchtete Mastvögel, die um ein Vielfaches schwerer sind als ihre Vorfahren.

Im Gegensatz zum einheimischen Truthahn sind Hühner ein „Mitbringsel" der Siedler. Als leicht zu züchtende und zu haltende Haustiere verbreiteten sie sich schnell über das ganze Land. Jede Region kennt eigene Spezialitäten mit Hühnerfleisch: In Pennsylvania gibt es Huhn mit Mehlklößen, im Süden zig Variationen von Fried Chicken, in Neumexiko Tortillas mit Hühnerfüllung, in Kalifornien Chop Suey mit Huhn als beliebtes Partyessen.

STEW MIT SPECK UND CRÈME FRAÎCHE

STEW MIT STECKRÜBEN UND MÖHREN

STEW MIT RINDFLEISCH UND ERBSEN

STEW MIT PASTINAKEN

STEW MIT SCHWEINEFLEISCH UND PAPRIKA

STEW MIT GEFLÜGELRAGOUT UND ZUCCHINI

Irish Stew

New Jersey

Für 6 Portionen
4 Zwiebeln
2 El Pflanzenöl
2 kg Lammragout (aus der Schulter)*
2 Tl frischer Thymian
Salz
Pfeffer
9 Kartoffeln
75 ml Fleischbrühe
1 Spritzer Worcestersauce
8 Möhren*
50 g Gerstengraupen*

Zubereitungszeit 30 Minuten
(plus Schmor- und Garzeit)
Pro Portion ca. 626 kcal/2631 kJ
100 g E · 15 g F · 22 g KH

Irish Stew
Die Zwiebeln schälen und würfeln. Das Öl in einem großen Bräter erhitzen und die Zwiebelwürfel darin glasig dünsten. Das Lammragout und den Thymian hinzufügen und anschmoren. Dann mit Salz und Pfeffer würzen. Den Backofen auf 180 °C (Umluft 160 °C) vorheizen.

3 Kartoffeln schälen und in Scheiben schneiden (zum Andicken der Sauce). Zum Fleisch geben, Brühe und Worcestersauce unterrühren und alles etwa 3 Minuten weiterschmoren.

Die übrigen Kartoffeln schälen und halbieren. Ebenfalls in den Bräter geben und das Stew abgedeckt im Ofen etwa 1 Stunde garen.

Die Möhren schälen und in Scheiben schneiden. Nach der Garzeit Die Möhren und die Gerste zum Stew geben und alles im Ofen weitere 45 Minuten garen, bis das Fleisch weich ist.

Das Stew abkühlen lassen und über Nacht kühl stellen. Dann das fest gewordene Fett abschöpfen. Vor dem Servieren das Stew erwärmen.

* Die mit einem Sternchen versehenen Zutaten können ausgetauscht werden. Gewürze und Kräuter je nach Belieben.

2005er
Aussières Rouge
Cabernet Sauvignon
Domaines Barons de Rothschild (Lafite)

Dieser Rotwein wird nur auf einigen wenigen Hektar erzeugt. Ein saftiger und delikater Tropfen mit schöner Harmonie der Frucht und einem belebenden Duft nach Cassis und reifen Blaubeeren. Ein Charakterwein, der den ganzen Charme Südfrankreichs bestens repräsentiert.

Hackbraten mit Speck

Kansas

Hackbraten mit Speck

Die Zwiebel und die Knoblauchzehen schälen und fein hacken. Den Spinat verlesen, putzen und waschen. In einem Topf unter Rühren zusammenfallen lassen. Aus dem Topf nehmen, abtropfen lassen und hacken.

Das Öl in einer Pfanne erhitzen und die Zwiebeln mit dem Knoblauch darin glasig dünsten. In eine Schüssel geben und abkühlen lassen. Backofen auf 200 °C (Umluft 180 °C) vorheizen.

Für 4 Portionen
1 Zwiebel
2 Knoblauchzehen
100 g Spinat
1 El Öl
5 El Ketchup
2 El Senf
6 El brauner Zucker
1 kg Rinderhack
75 g Haferflocken
4 Eier
Salz, Pfeffer
8 Scheiben geräucherter Speck
Fett für die Form

Zubereitungszeit 20 Minuten
(plus Schmor- und Bratzeit)
Pro Portion ca. 783 kcal/3287 kJ
63 g E · 47 g F · 29 g KH

Die Zwiebelmischung mit Ketchup, Senf und Zucker verrühren und alles mit dem Hackfleisch, Haferflocken, Eiern und Spinat zu einem Fleischteig verarbeiten. Mit Salz und Pfeffer würzen.

Den Fleischteig in eine gefettete Kastenform füllen, die Speckscheiben darüber legen. Den Braten mit Alufolie abdecken und im Ofen etwa 45 Minuten backen. 15 Minuten vor Ende der Garzeit die Alufolie entfernen und den Hackbraten knusprig braun werden lassen. Vor dem Servieren kurz abkühlen lassen.

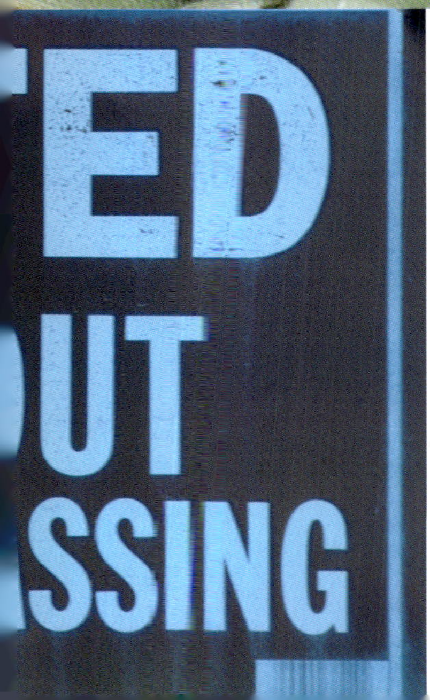

Meatloaf mit Kartoffelpüree und Mischgemüse ist ein klassisches **Blue Plate Special** – ein Mittagsgericht im Diner, Lunchwagon oder Coffee Shop. Ihren Namen haben diese herzhaften, sättigenden Speisen daher, dass sie früher den Fabrikarbeitern und Truckern auf blauen Tellern serviert wurden.

Tipp: Bereiten Sie gleich zwei Hackbraten zu und frieren Sie einen für später ein. Reste von Meatloaf schmecken auch kalt hervorragend, zum Beispiel in einem Sandwich oder zu Nudelsalat.

2002er
Two Vines
Merlot-Cabernet
Washington

Herrlicher Bordeaux-Blend, der über zwölf Monate in französischen und amerikanischen Eichenfässern reifte. Zeigt generöse Aromen nach Blaubeere, schwarzen Kirschen und Himbeere, die sich elegant im Glas entwickeln. Dies ist ein köstlicher, ausdrucksvoller Wein mit einem weichen, ansprechenden Finale. Washington State hat sich längst als zweite Kraft neben Kalifornien etabliert und glänzt mit Weinen mit einem enorm guten Preis-Leistungs-Verhältnis!

Für 6 Portionen
- 2 Äpfel
- 1 Zwiebel
- 1 Knoblauchzehe
- 1 Stange Staudensellerie
- 80 g Butter
- 175 g Paniermehl
- 100 g gehackte Walnüsse
- 75 g Rosinen
- Salz
- ½ Tl gemahlene Nelken
- ½ Tl Senf
- 1,5 kg Schweinekarree ohne Knochen
- 3 El Pflanzenöl

Zubereitungszeit 25 Minuten (plus Schmor- und Bratzeit)
Pro Portion ca. 783 kcal/3289 kJ
57 g E · 45 g F · 38 g KH

Schweinebraten mit Füllung

Schweinebraten mit Füllung

Die Äpfel schälen, das Kerngehäuse entfernen und das Fruchtfleisch in Würfel schneiden. Die Zwiebel und den Knoblauch schälen und hacken. Den Stangensellerie putzen, waschen und in Ringe schneiden.

40 g Butter in einer Pfanne erhitzen und die Äpfel darin in 8 Minuten weich dünsten. Herausnehmen und beiseite stellen.

Die restliche Butter in die Pfanne geben und die Zwiebeln, den Knoblauch und den Stangensellerie darin etwa 5 Minuten schmoren. Den Pfanneninhalt mit den Äpfeln, Paniermehl, Walnüssen und Rosinen mischen. Die Gewürze und den Senf unterrühren.

Den Backofen auf 190 °C (Umluft 170 °C) vorheizen. Das Schweinefleisch längs einschneiden und auseinanderklappen. In einem Bräter das Öl erhitzen und das Fleisch darin anbraten. Aus der Pfanne nehmen und die Füllung hineingeben. Das Fleisch zusammenrollen und festbinden.

Den Braten im Ofen etwa 1 Stunde 30 Minuten braten, bis die Innentemperatur 70 °C beträgt. Aus dem Bräter nehmen und in Scheiben schneiden. Mit Kartoffelpüree und Gemüse servieren.

ESTD
1876
BERINGER
Vineyards
ZINFANDEL
2005
CALIFORNIA

Kalua Pig

Den Römertopf nach Anleitung einweichen. Das Schweinefleisch mit Rauchsalz einreiben und in den Römertopf legen, den Cidre angießen.

Im nicht vorgeheizten Ofen bei 150 °C (Umluft 130 °C) mindestens 5 Stunden garen.

Anschließend das Fleisch aus dem Topf nehmen, mit normalem Salz würzen und in feine Streifen zupfen.

Kalua Pig mit Salat oder Gemüse und Reis servieren.

Für 6 Portionen
2 kg Schweineschinken oder Krustenbraten am Stück
Rauchsalz
2 Tassen Cidre (Apfelwein)
Salz
Römertopf

Zubereitungszeit 10 Minuten (plus Garzeit)
Pro Portion ca. 430 kcal/1805 kJ
65 g E · 14 g F · 7 g KH

Kalua Pig

San Francisco

2005er Beringer Zinfandel California

Der jung zu genießende Klassiker vom Zinfandel-Könner Beringer ist tiefdunkel mit intensivem Beerenaroma, dazu Nuancen von Vanille, Gewürzen und einem Hauch Eichenholz. Das ist ein eleganter, unverblümt typischer Zinfandel, von dem man denkt, er koste wenigstens das Doppelte.

Rinderbraten mit Meerrettich

Für 4 Portionen
2 kg Rinderbraten
1 Zwiebel
1 Möhre
1 Stange Staudensellerie
200 ml Rotwein
Salz, Pfeffer
250 g saure Sahne
1 Tl Senf
2 El Meerrettich
½ Bund frisch gehackte Petersilie

Zubereitungszeit 30 Minuten (plus Garzeit)
Pro Portion ca. 893 kcal/3748 kJ
101 g E · 50 g F · 6 g KH

Rinderbraten mit Meerrettich
Das Rindfleisch von Häuten und Sehnen säubern. Die Zwiebel und die Möhre schälen und in Würfel schneiden. Den Stangensellerie putzen, waschen und klein schneiden.

Das Fleisch mit dem Gemüse, Salz, Pfeffer, Wein und so viel Wasser, dass das Fleisch bedeckt ist, in einem großen Topf zum Kochen bringen und etwa 2 Stunden bei geringer Temperatur köcheln, bis das Fleisch sehr weich ist. Das Fleisch warm stellen, den Sud durch ein Sieb abgießen.

Für die Sauce 100 ml vom Sud mit der sauren Sahne und dem Meerrettich verrühren und in einem Topf erwärmen, mit Salz und Pfeffer abschmecken. Das Fleisch in Scheiben schneiden und mit der Sauce und Petersilie servieren. Dazu schmecken gebackene Kartoffeln.

2005er
Königschaffhauser Vulkanfelsen
Spätburgunder
WG Königschaffhausen

Jedes Jahr überzeugt dieser Spätburgunder von den vulkanischen Böden am Kaiserstuhl aufs Neue. Das Bouquet ist ausdrucksvoll und burgundisch-komplex mit feinen, charakteristischen Anklängen an frische rote Früchte, im Mund samtig-trocken mit gefälliger Struktur und erstaunlicher Tiefe.

Glasierte Ente

Washington

Glasierte Ente

Den Backofen auf 180 °C (Umluft 160 °C) vorheizen. Die Ente innen und außen waschen, trockentupfen und mit Salz einreiben. Mit der Brustseite nach oben auf ein Blech legen und im Ofen etwa 2 Stunden 30 Minuten braten, dabei mehrmals wenden und mit Bratensaft begießen.

Das Suppengrün putzen, je nach Gemüseart schälen, und alles klein schneiden. Die Zwiebel schälen und würfeln. Das Öl in einer Pfanne erhitzen, das Gemüse und die Zwiebel darin etwa 10 Minuten schmoren. Dann Essig, Likör und Brühe zugießen und die Sauce um die Hälfte einkochen lassen.

Die Kartoffeln schälen und reiben. In die Sauce geben und weitere 10 Minuten köcheln. Die Sauce durchsieben und mit Salz und Pfeffer abschmecken. Die Cranberries verlesen, waschen und in die Sauce geben.

10 Minuten vor Ende der Garzeit die Orangenmarmelade erhitzen und die Ente damit einstreichen. Die Pfefferkörner zerstoßen und auf die fertige Ente geben. Mit Thymian garnieren und mit der Cranberriesauce servieren. Beilagen nach Wahl.

Für 4 Portionen
1 küchenfertige Ente (ca. 2 kg)
Salz
1 Bund Suppengemüse
1 Zwiebel
4 El Öl
4 El Aceto balsamico
125 ml Orangenlikör
800 ml Geflügelbrühe
100 g Kartoffeln
100 g Cranberries
Salz, Pfeffer
5 El Orangenmarmelade
2 El weiße Pfefferkörner
1/2 Bund frischer Thymian

Zubereitungszeit 30 Minuten
(plus Schmor- und Garzeit)
Pro Portion ca. 752 kcal/3158 kJ
46 g E · 48 g F · 23 g KH

CHILI MIT FRISCHEN TOMATEN

CHILI MIT GRÜNEN PAPRIKASCHOTEN

CHILI MIT KARTOFFELN

CHILI MIT RINDERHACK UND BRATWURSTBRÄT

CHILI MIT SCHWEINEFLEISCH

CHILI MIT LAMMHACKFLEISCH

Chili con carne

Für 4 Portionen
1 Zwiebel
2 Knoblauchzehen
4 grüne Chilischoten
2 El Öl
500 g Rinderhack*
1 El Mehl
800 g geschälte Tomaten (Dose)*
100 ml Fleischbrühe
Salz
450 g Kidneybohnen (Dose)*
gemahlener Koriander
gemahlener Kreuzkümmel
Pfeffer

Zubereitungszeit 25 Minuten
(plus Schmor- und Garzeit)
Pro Portion ca. 625 kcal/2625 kJ
54 g E · 23 g F · 50 g KH

Chili con carne
Die Zwiebel und den Knoblauch schälen und fein hacken. Die Chilischoten putzen, waschen, von Kernen befreien und hacken.

In einem großen Topf das Öl erhitzen und das Hackfleisch, die Zwiebel und den Knoblauch darin etwa 10 Minuten gut anbraten. Das Mehl darüber stäuben und unterrühren.

Die Tomaten mit den Chilischoten und der Brühe hinzugeben und salzen. Die Mischung etwa 1 Stunde bei geringer Temperatur schmoren. 10 Minuten vor Ende der Garzeit die Bohnen miterhitzen. Mit Koriander, Kreuzkümmel, Salz und Pfeffer abschmecken.

* Die mit einem Sternchen versehenen Zutaten können ausgetauscht werden. Gewürze und Kräuter je nach Belieben.

1998er
Castillo Ygay
Gran Reserva Especial
Rioja D.O.Ca.

Ein fast schon mythischer Wein, der nur in Ausnahmejahren erzeugt wird und jahrelang im Holzfass lagert. Der 1998er ist der aktuelle Jahrgang dieses großen Klassikers der Rioja. Er überragt viele Wein-Jungsporne mit unübertroffener Tiefe, atemberaubender Dichte und großem Facettenreichtum. Fesselnde Aromen wie Tabak, Vanille, mediterrane Kräuter und Kirschen füllen das Glas.

Lammkarrees in Rotweinsauce

Nordwesten/Alaska

Lammkarrees in Rotweinsauce

Den Backofen auf 200 °C (Umluft 180 °C) vorheizen. Die Karrees von Fett und Sehnen befreien und mit Salz und Pfeffer einreiben. Das Öl in einer großen, ofenfesten Pfanne erhitzen und die Karrees darin von jeder Seite etwa 1 Minute scharf anbraten.

Die Pfanne in den Backofen stellen und die Karrees etwa 8 Minuten weiterbraten. Anschließend aus der Pfanne nehmen und warm stellen.

Die Frühlingszwiebeln putzen, waschen und in Ringe schneiden. Das Fett bis auf 1 El aus der Pfanne entfernen, die Frühlingszwiebeln im verbliebenen Fett andünsten, dann den Rotwein und die Brühe angießen und die Sauce auf die Hälfte einkochen lassen.

Den Knoblauch schälen und fein hacken, dann mit dem Senf vermischen. Die Karrees mit dem Senf bestreichen und in der Paniermehlmischung wenden.

Die Sauce mit Butter und Thymian verfeinern und mit Salz und Pfeffer abschmecken. Die Lammkarrees mit der Sauce servieren. Dazu Ofenkartoffeln reichen.

Für 4 Portionen
4 Lammkoteletts
Salz, Pfeffer
2 El Olivenöl
½ Bund Frühlingszwiebeln
80 ml Rotwein (z.B. Burgunder, Pinot Noir)
250 ml Gemüsebrühe
1 Knoblauchzehe
1 Tl Dijonsenf
50 g Paniermehl
4 El Butter
1 Tl frisch gehackter Thymian

Zubereitungszeit 20 Minuten
(plus Schmor- und Bratzeit)
Pro Portion ca. 635 kcal/2667 kJ
53 g E · 41 g F · 11 g KH

Lammfleisch hat in der amerikanischen Küche nie eine besonders große Rolle gespielt. Ein bisschen anders sieht es in den nordwestlichen Staaten Oregon, Washington, Idaho und Wyoming aus. Hier grasen viele Schafherden, deren Wolle und Fleisch genutzt werden, und hier leben viele Nachfahren baskischer Einwanderer. Sie kamen ins Land, um auf den Ranches als Schafhirten zu arbeiten, und schätzen Lammfleisch sehr.

2006er
Porcupine Ridge Syrah
Boekenhoutskloof

Ein Paradewein des begnadeten Winzer-Talents Mark Kent, der mit diesem Syrah einen phänomenalen Beweis für die unschlagbaren Preis-Qualität-Leistungen der „jungen Wilden" aus Südafrika erbringt. Tolle Nase nach Blaubeeren und Schwarzkirsche, herrlich nuanciertes Spiel von Mokka und Vanille am Gaumen und ein Finale mit Anspielungen an schwarzen Pflaumen und mediterranen Kräutern.

Für 6 Portionen
1 kg Lammschulter ohne Knochen
4 El Pflanzenöl
1 Chilischote
2 Knoblauchzehen
½ El Chilipulver
1 El getrockneter Oregano
½ El Kreuzkümmel
Salz
450 g Tomaten
60 g Rosinen
4 Tl Kakaopulver
30 g grüne Oliven ohne Stein
2 El frisch gehackter Koriander
2 El Zitronensaft

Zubereitungszeit 30 Minuten
(plus Schmor- und Garzeit)
Pro Portion ca. 333 kcal / 1399 kJ
50 g E · 10 g F · 10 g Kh

Scharfes Lamm-Picadillo

Scharfes Lamm-Picadillo
Das Fleisch in etwa 1 cm breite Streifen schneiden. Das Öl in einem Bräter erhitzen und die Fleischstreifen darin etwa 3 Minuten anbraten. Die Chilischote putzen, waschen, entkernen und klein schneiden. Der Knoblauch schälen und fein hacken.

Die Chilischote mit dem Knoblauch, Chilipulver, Oregano, Kreuzkümmel und Salz unter das Fleisch rühren und eine weitere Minute mitbraten. Die Tomaten vom Stielansatz befreien, waschen und würfeln. Ebenfalls in den Bräter geben und mit der Mischung 2 Minuten schmoren.

250 ml Wasser mit den Rosinen und dem Kakaopulver hinzufügen und einmal aufkochen lassen. Die Masse abgedeckt bei geringer Temperatur etwa 20 Minuten schmoren. Danach die restlichen Zutaten unterheben. Das Lammragout mit Polenta oder in Tacos gerollt servieren.

The Family Farm
An American Tradition
FLOWERS & PRODUCE FRESH FROM OUR FIELDS
Shop with your friends
at Rosebank

Rindersteak

Das Butterschmalz in einer großen gusseisernen Pfanne sehr heiß werden lassen. Die Steaks darin von beiden Seiten 2 bis 3 Minuten braten. Dann ist das Fleisch innen noch rosa (medium). Das Fleisch sollte außen schön braun und innen saftig sein. Fertige Steaks aus der Pfanne nehmen und im Ofen warm halten.

Die Zwiebeln schälen und in sehr dünne Ringe schneiden. Die Zwiebelringe in dem Mehl wenden. Das Öl in einem hohen Topf oder der Fritteuse auf ca. 180 °C erhitzen und die Zwiebelringe darin etwa 10 Minuten frittieren. Mit dem Schaumlöffel herausholen und auf Küchenpapier abtropfen lassen. Nach Geschmack salzen. Die Steaks mit den Zwiebeln und Salat servieren.

Rindersteak

Ganz Amerika

Für 4 Portionen
- 2 El Butterschmalz
- 4 Rindersteaks (à 180 g)
- Salz, Pfeffer
- 2 Zwiebeln
- 100 g Mehl
- 500 ml Öl zum Frittieren

Zubereitungszeit 10 Minuten
(plus Brat- und Frittierzeit)
Pro Portion ca. 593 kcal/2489 kJ
43 g E · 38 g F · 19 g KH

Onion Rings, die panierten und frittierten Zwiebelringe, sind ein beliebtes Finger Food – ob nun als Beilage oder als Snack zwischendurch. Die US-Steakhauskette Outback serviert als Vorspeise die berühmte Blooming Onion, eine federartig aufgeschnittene und anschließend frittierte Gemüsezwiebel. Deren einzelne „Blütenblätter“ werden abgezupft und in eine pikante Sauce getaucht – so ein Dip schmeckt auch zu den Zwiebelringen!

Hasenragout mit Pilzen

Für 4 Portionen
1 küchenfertiger Hase oder
1 Kaninchen (ca. 1,5 kg)
2 Knoblauchzehen
2 Möhren
1 Stange Lauch
6 El Olivenöl
350 ml Weißwein
2 Estragonstiele
1 Lorbeerblatt
Pfeffer
100 g Mehl
475 ml Hühnerbrühe
225 g Wildpilze
40 g Butter

Zubereitungszeit 30 Minuten
(plus Schmor- und Garzeit)
Pro Portion ca. 690 kcal/2898 kJ
64 g E · 35 g F · 24 g KH

Hasenragout mit Pilzen
Den Hasen (das Kaninchen) in 8 Teile schneiden. Den Knoblauch und die Möhren schälen und hacken bzw. in Scheiben schneiden. Den Lauch putzen, waschen und nur die weißen Teile in Ringe schneiden.

In einer Schüssel das Gemüse mit 4 El Olivenöl, 120 ml Wein, Estragon, Lorbeerblatt und etwas Pfeffer mischen und das Fleisch darin etwa 24 Stunden kühl marinieren lassen. Mehrmals wenden.

Anschließend Fleisch und Gemüse aus der Marinade nehmen. Die Fleischteile trockentupfen und den Estragon fein hacken. Das Fleisch im Mehl wenden.

Das restliche Olivenöl in einem Bräter erhitzen. Die Fleischteile darin gut anbraten und aus dem Topf nehmen. Das abgetropfte Gemüse in den Bräter geben und 3 Minuten schmoren. Dann das Fleisch und den Estragon einlegen, den restlichen Wein und die Hühnerbrühe angießen und aufkochen. Bei geringer Temperatur etwa 30 Minuten abgedeckt köcheln.

Die Pilze gut putzen, waschen und klein schneiden. Die Butter in einer Pfanne erhitzen und die Pilze darin etwa 8 Minuten schmoren. Dann unter das Ragout heben. Weitere 25 Minuten garen, bis das Fleisch weich ist. Mit Kartoffelpüree oder Nudeln servieren.

2005er
Sabazio
Rosso di Montepulciano D.O.C.
La Braccesca, Antinori

Mit dem Ansehen und Know-how von Marchese Piero Antinori hat sich dieser Wein schnell zum Senkrechtstarter und Geheimtipp entwickelt. Ein Rosso di Montepulciano wie aus dem Bilderbuch, finessenreich mit tänzerischer Eleganz, ohne dabei Körper und Extrakt vermissen zu lassen. Sein intensives Aromenspiel süßer Kirschen, Beeren und Pflaumen geht nahtlos in ein herrlich feines Finale über.

Zitronen-Huhn

Kalifornien

Zitronen-Huhn

Die Hähnchenbrustfilets von Häuten und Sehnen befreien und flach klopfen. Das Fleisch mit Salz, Pfeffer und Paprika würzen und anschließend in Mehl wenden.

In einer Pfanne 2 El Butter erhitzen und die Hühnerbrustfilets darin etwa 5 Minuten von jeder Seite braten, bis sie gut durchgebraten sind. Das Fleisch warm stellen.

Für 4 Portionen
6 Hähnchenbrustfilets
Salz, Pfeffer
1 El edelsüßes Paprikapulver
50 g Mehl
8 El Butter
1/2 Bund frisch gehackte, glatte Petersilie
1 Tl getrockneter Estragon
5 El Zitronensaft
1 Zitrone

Zubereitungszeit 20 Minuten (plus Schmorzeit)
Pro Portion ca. 365 kcal/1533 kJ
54 g E · 10 g F · 12 g KH

Die restliche Butter in einem Topf schmelzen, die Kräuter und den Zitronensaft hinzugeben und einmal aufkochen. Die Zitrone heiß abwaschen, trocknen und in Scheiben schneiden. Die Fleischstücke in die Zitronenbutter legen und mit Zitronenscheiben garniert servieren. Dazu passt Reis.

Lemon Chicken ist ein Gericht der modernen, leichten California Nouvelle Cuisine. In ihr spielen asiatische Gewürze und Gartechniken eine große Rolle. Die Köche kombinieren aber auch gerne Zutaten verschiedener Regionalküchen. Das nennt sich Fusion Cooking, und das Ergebnis kann beispielsweise „Bombay Burrito mit Blaubeersalsa" lauten.

PANIERTES HÄHNCHEN MIT SALSA

HÄHNCHEN MIT CHILI, INGWER, PIMENT, ESSIG UND SOJASAUCE

HÄHNCHEN MIT GRÜNEN UND ROTEN PAPRIKASCHOTEN

HÄHNCHEN IN SOJAMARINADE MIT ZIMT

HÄHNCHEN MIT SENFKRUSTE

HÄHNCHEN MIT AHORNSIRUP

Hähnchen mit Honig

Südstaaten

Für 4 Portionen
1 küchenfertiges Hähnchen
75 g Butter
1 Knoblauchzehe*
1 Tl Ingwerpulver*
100 g Honig*
1 Tl Essig*
Salz, Pfeffer

Zubereitungszeit 25 Minuten
(plus Bratzeit)
Pro Portion ca. 280 kcal/1176 kJ
8 g E · 19 g F · 19 g KH

Hähnchen mit Honig
Den Backofen auf 180 °C (Umluft 160 °C) vorheizen. Das Hähnchen in 4 Teile schneiden. Für die Sauce die Butter schmelzen. Den Knoblauch schälen und zerdrücken.

Alle Zutaten außer dem Fleisch in einer großen Schüssel vermischen und die Hähnchenstücke darin kurz wenden.

Anschließend in eine Auflaufform legen und etwa 1 Stunde im Ofen backen oder etwa 40 Minuten unter dem Grill, dabei immer wieder mit der Sauce bestreichen. Mit Brot und Salat servieren.

* Die mit einem Sternchen versehenen Zutaten können ausgetauscht werden. Gewürze und Kräuter je nach Belieben.

2005er
Esser Cellars Merlot
California

Manfred Esser ist in Kalifornien längst kein Unbekannter mehr. Mit seinen Weinen, die ein außergewöhnlich gutes Preis-Leistungs-Verhältnis haben, hat er sich Anerkennung und Respekt erworben und sein Familienunternehmen zu großem Erfolg geführt. Sein Merlot begeistert mit saftiger, reifer Kirsche und Zwetschgenfrucht und Noten von Mokka und Tabak. Gute Struktur, fünf Monate Barrique-Ausbau.

Gebratener Truthahn

Ganz Amerika

Gebratener Truthahn

Den Truthahn innen und außen gut waschen, trockentupfen und mit Salz und Pfeffer einreiben. Den Speck in Würfel schneiden und in einer Pfanne auslassen. Inzwischen die Zwiebeln schälen und hacken. Den Staudensellerie putzen, waschen und klein schneiden. Die Petersilie waschen und hacken.

Die Zwiebeln, den Sellerie und die Petersilie zum Speckfett geben und kurz mitschmoren. Dann die Butter zugeben. Diese Masse mit 100 ml Wein, etwas Brühe und dem gewürfelten Brot zu einem halbfesten Teig verarbeiten. Er darf nicht zu feucht sein.

Den Backofen auf 160 °C (Umluft 140 °C) vorheizen. Den Truthahn mit der Füllung stopfen und zunähen. Dann in einen Bräter legen und im Ofen 4 bis 5 Stunden knusprig braten. Von Zeit zu Zeit mit Bratensaft und nach Bedarf mit Wasser übergießen. Fertigen Truthahn aus dem Bräter nehmen und warm stellen.

Für die Sauce den Bratenfond durchseihen und mit dem Wein und der Hühnerbrühe nach Bedarf auffüllen. Aufkochen und mit in Wasser angerührter Stärke binden. Nach Belieben die Preiselbeeren einrühren. Zum Truthahn verschiedene Gemüse und Kartoffeln reichen.

Für 8 Portionen
1 Truthahn (ca. 6 kg)
250 g Bauchspeck
3 große Zwiebeln
150 g Staudensellerie
1 Bund Petersilie
50 g Butter
200 ml Weißwein
150 ml Hühnerbrühe
500 g Maisbrot vom Vortag
Salz, Pfeffer
1 El edelsüßes Paprikapulver
3 El Maisstärke
1 El Preiselbeeren

Zubereitungszeit 20 Minuten
(plus Schmor- und Bratzeit)
Pro Portion ca. 798 kcal/3352 kJ
63 g E · 46 g F · 33 g KH

Traditionell bildet zu Thanksgiving ein **Truthahn** den Mittelpunkt des Erntedank-Festmenüs. Die Auswahl der Vorspeisen, Beilagen und Desserts orientiert sich an dem, was im Spätherbst Saison hat: Kürbis, Möhren, Süßkartoffeln, Äpfel, Nüsse. Ein ganzer Truthahn ist Ihnen zuviel? Braten Sie eine Putenbrust im Ofen und backen Sie die Füllung als „Auflauf" in einer extra Form.

2004er
Château La Fleur
Saint-Émilion Grand Cru A.C.

Ein beständiger Aufsteiger aus Saint-Émilion, der mit seinem 2004er zu einem ungeahnten Höhenflug ansetzt. Das Château verfügt über bestes Terroir, die Reben gedeihen auf mineralreichen Kalkböden. Dies merkt man dem Wein an: nachtschwarze Farbe, intensives Beerenbouquet und am Gaumen eine Konzentration, die einem den Atem raubt.

Für 4 Portionen
200 g Blattspinat
4 El Olivenöl
Salz, Pfeffer
2 Schalotten
1 Knoblauchzehe
150 g Champignons
1 Tl getrockneter Thymian
2 El Brandy
Saft von ½ Limette
50 g Butter
75 g frisch geriebener Gruyère
2 Rinderrouladen à 250 g

Zubereitungszeit 25 Minuten
(plus Schmor- und Bratzeit)
Pro Portion ca. 295 kcal / 1239 kJ
31 g E · 17 g F · 3 g KH

Rinderrouladen

Rinderrouladen
Den Spinat verlesen, putzen und waschen. 2 El Öl in einem Topf erhitzen und den abgetropften Spinat darin kurz andünsten. Mit Salz und Pfeffer würzen. Den Spinat aus dem Topf nehmen, ausdrücken und fein hacken. Den Backofen auf 180 °C (Umluft 160 °C) vorheizen.

Die Schalotten und den Knoblauch schälen und fein hacken. Die Champignons putzen, feucht abreiben und in Scheiben schneiden.

Das restliche Öl in einer Pfanne erhitzen und die Schalotten mit dem Knoblauch und dem Thymian darin andünsten. Die Pilze zugeben und mitschmoren. Den Brandy angießen, etwas einkochen lassen, dann Limettensaft und Butter einrühren. Alles mit dem Spinat verrühren. Den Käse unterheben und abschmecken.

Die Rouladen mit der Füllung bestreichen und zusammenrollen. Mit Rouladennadeln oder Küchengarn feststecken bzw. -binden. Im Ofen in einem Bräter etwa 20 Minuten braten, bis das Fleisch weich ist.

Die Rouladen in dünne Scheiben (etwa 1,5 cm) schneiden und servieren. Dazu Kartoffelecken reichen.

Fisch und Meeresfrüchte

Die USA sind von Ozeanen umgeben, im Landesinneren gibt es unzählige Flüsse und große Seen. Dementsprechend groß ist der Reichtum an Fisch – und an Fischrezepten!

Neuengland ist bekannt für Cod (Kabeljau) und Haddock (Schellfisch), die Great Lakes liefern Barsche und Zander, die Flüsse des Westens Trout (Forelle), das ferne Alaska Salmon (Lachs). In den Sümpfen der Südstaaten fischt man Catfish (Wels), vor Florida Pompano (Stachelmakrele). Und zu jeder Art gibt es zig Rezeptvariationen – mit einer raffinierten Sauce überbacken, schnell auf dem Grill gegart, in Brühe pochiert oder in einer Maismehlkruste frittiert.

Vermutlich werden Sie viele der typischen US-Fischarten hierzulande nicht immer frisch bekommen – von Venus- oder Jakobsmuscheln, weichschaligen Krebsen, frischem Hummer oder Austern ganz zu schweigen. Weichen Sie dann auf Tiefkühlprodukte aus oder ersetzen die eine Fischsorte durch eine andere. Der Fried Catfish der Südstaaten in seiner würzigen Panade schmeckt beispielsweise auch mit Schollenfilets, die Salmon Cakes auch mit eingefrorenem Lachs.

Fisch und Meeresfrüchte

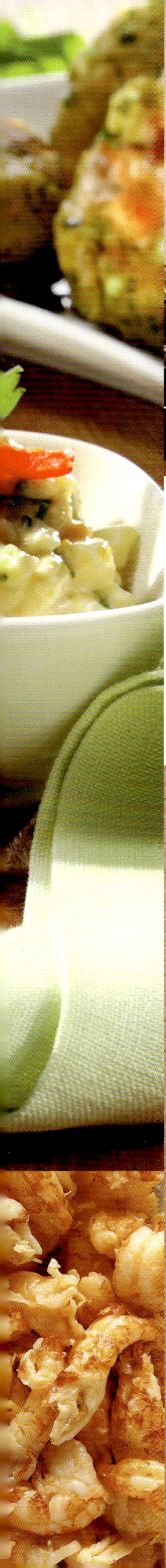

Hummer, Austern, Krebse und Muscheln sind Delikatessen, die von vielen US-Bürgern gar nicht als solche betrachtet werden.

Der Grund: Es gab sie lange im Überfluss. Lobster war beispielsweise noch 1850 so verbreitet, dass ihn die Bewohner Neuenglands lediglich am Strand einsammeln mussten. Und Marylands berühmte Blue Crabs galten bis 1930 als Arme-Leute-Essen, weil Wohlhabende sich gar nicht die Mühe machten, die paar Bissen Krebsfleisch aus den Panzern zu pulen. Der Geschmack hat sich geändert, Überfischung ist auch in den USA ein Thema, die Preise haben angezogen. Dennoch ist das Angebot an Meeresfrüchten auf den Märkten riesig und für uns vergleichsweise preiswert!

Was die Zubereitung angeht: Die Vielfalt der Lobster-Rezepte dürfte europäische Feinschmecker, die Hummer nur pur mit ein bisschen geschmolzener Butter kennen überraschen. Es gibt viele köstliche Gerichte, bei denen der Hummer überbacken wird, das Hummerfleisch für Suppen, Stews oder sogar Cakes (Fischküchlein) verwendet wird. Ebenso ist es bei Oysters (Austern) und Crabs (Krebsen). Sie schmecken den US-Bürgern genauso von feinem Porzellan wie aus der Hand – zum Beispiel frittiert in einem weichen Brötchen mit gewürzter Mayonnaise als Po Boy-Sandwich aus New Orleans.

GEBACKENER LACHS MIT LAUCH

LACHS MIT ZITRONENSAUCE

GEGRILLTER LACHS IN MANGOSAUCE

GEGRILLTER LACHS MIT SPARGEL

LACHS MIT ORANGENMARINADE

GEDÜNSTETER LACHS MIT DILLSAUCE

Lachs mit Johannisbeersauce

Alaska

Für 4 Portionen
1 Knoblauchzehe*
120 ml Aceto balsamico*
1 1/2 El Senfkörner*
3 El frisch gehacktes Basilikum
Salz, Pfeffer
125 ml Olivenöl*
2 El Sonnenblumenöl
4 Lachsfilets (à 200 g)
250 ml Weißwein*
200 g rote Johannisbeeren*
2 El Butter*

Zubereitungszeit 25 Minuten (plus Schmorzeit)
Pro Portion ca. 595 kcal/2499 kJ
38 g E · 44 g F · 5 g KH

Lachs mit Johannisbeersauce
Die Knoblauchzehe schälen und zerdrücken. Den Knoblauch mit 40 ml Aceto, 40 ml Wasser, den zerdrückten Senfkörnern, dem Basilikum und etwas Salz und Pfeffer im Mixer cremig rühren. Das Öl tropfenweise dazugeben und unterrühren. Die Vinaigrette beiseite stellen.

Das Sonnenblumenöl in einer Pfanne erhitzen und die Fischfilets darin mit der Hautseite nach unten etwa 4 Minuten braten. Dann die Filets wenden und den Wein sowie den restlichen Aceto zugießen. Die Fischfilets abgedeckt weitere 7 Minuten schmoren, bis sie weich sind und die Flüssigkeit verkocht ist.

Die Johannisbeeren verlesen und waschen. Im Mixer pürieren, dann erhitzen und mit der Butter und der Vinaigrette verrühren. Zu den Lachsfilets servieren.

* Die mit einem Sternchen versehenen Zutaten können ausgetauscht werden. Gewürze und Kräuter je nach Belieben.

2005er
Château de Maligny
Domaine Jean Durup

Altmeister Jean Durup glänzt mit diesem vorzüglichen Wein ... Kein Wunder, stammt dieser Premier Cru doch aus der wohl berühmtesten Einzellage des Chablis: Fourchaume. An Finesse, Ausgewogenheit und Eleganz ist dieses Juwel aus dem Burgund wohl kaum zu übertreffen – das ist ein Geheimnis seines Erfolges

Forelle in Lauchsauce Oregon

Forelle in Lauchsauce
Die Zwiebeln schälen und hacken. Den Lauch putzen, waschen und in Ringe schneiden. Die Forellenfilets abtupfen und mit Salz würzen.

Die Butter in einem Topf schmelzen und die Zwiebeln mit dem Lauch darin andünsten. Mit Wein und Fond ablöschen und würzen. Aufkochen und die Fischfilets hineingeben. Bei geringer Temperatur etwa 10 Minuten ziehen lassen, dann den Fisch herausnehmen und warm stellen.

Den Kochsud auf die Hälfte einkochen lassen, die Sahne hinzufügen und wieder reduzieren. Die Forellenfilets mit der Sauce übergießen. Dazu eine Reis-Wildreis-Mischung servieren.

Für 4 Portionen
2 Zwiebeln
2 Stangen Lauch
12 Forellenfilets
Salz
100 g Butter
250 ml Weißwein
250 ml Fischfond
je 1/4 Tl getrockneter Oregano und Thymian
je 1/2 Tl Pfeffer, Knoblauchpulver, Cayennepfeffer und Paprikapulver
250 g Sahne

Zubereitungszeit 20 Minuten (plus Garzeit)
Pro Portion ca. 498 kcal/2089 kJ
14 g E · 42 g F · 8 g KH

Rainbow Trout, die Regenbogenforelle, ist ein Ureinwohner Nordamerikas und ein geschätzer Speisefisch. Die meisten Exemplare, die auf dem Teller landen, stammen natürlich aus Zuchtbetrieben – einige aber vielleicht auch aus den kalten, klaren Bergflüssen des Nordwestens. Dort gehen Fliegenfischer ihrem Hobby nach: Mit weit ausholenden Bewegungen werfen sie immer wieder die Leine aus. An deren Ende befindet sich eine künstliche Köderfliege, die dann (hoffentlich!) eine Forelle anlockt ...

Seafood in einer würzigen Tomatensauce – dieses Gericht ist italienischen Ursprungs und eine Spezialität vieler Restaurants in Little Italy, New York City. Es passt genauso gut zu Pasta wie zu frischem Weißbrot. Probieren Sie auch andere Kombinationen von Meeresfrüchten aus: Gambas und Tintenfisch oder Fischfiletstücke und Muscheln. Wer mag, kann auch einige Anchovisfilets und viel frische, gehackte Petersilie an die Sauce geben – lecker!

Für 4 Portionen
1 Zwiebel
4 Knoblauchzehen
4 El Olivenöl
450 g geschälte Tomaten (Dose)
4 getrocknete rote Chilischoten
1 Tl getrockneter Oregano
Salz, Pfeffer
250 g küchenfertige Tintenfische
250 g Hummerfleisch
12 Venusmuscheln
500 g Miesmuscheln

Zubereitungszeit 30 Minuten
(plus Schmor- und Garzeit)
Pro Portion ca. 483 kcal/2043 kJ
69 g E · 11 g F · 28 g KH

Meeresfrüchte Diavolo

New York

Meeresfrüchte Diavolo
Die Zwiebel und den Knoblauch schälen und fein hacken. 2 El Öl in einer Pfanne erhitzen und die Zwiebel mit dem Knoblauch darin andünsten. Die Tomaten, gehackten Chilischoten und Oregano dazugeben und mit Salz und Pfeffer würzen. Die Mischung etwa 20 Minuten köcheln, dann pürieren und beiseite stellen.

Die Tintenfische putzen und klein schneiden. Das Hummerfleisch ebenfalls klein schneiden. Die Venusmuscheln gründlich waschen, die Miesmuscheln gut abbürsten. Geöffnete Muscheln wegwerfen.

Das restliche Öl in einer zweiten Pfanne erhitzen und die Tintenfische darin unter Rühren etwa 2 Minuten schmoren. Dann das Hummerfleisch und die Venusmuscheln zugeben und weitere 8 Minuten schmoren, gelegentlich umrühren.

Die Miesmuscheln in etwas kochendem Wasser 4 Minuten garen, bis die Schalen geöffnet sind. Dann herausnehmen, noch geschlossene Muscheln wegwerfen. Die Meeresfrüchte auf Tellern anrichten. Die Sauce mit etwas Muschelsud aufkochen und sämig werden lassen. Mit Salz und Pfeffer abschmecken. Dazu Brot reichen.

ESSER
CHARDONNAY
PREMIUM WINES FROM CALIFORNIA
Chardonnay
California
2005
Cellared and Bottled by Esser Vineyards

Kabeljau

Kabeljau mit Krebsfleisch

Die Zwiebeln und den Knoblauch schälen und hacken. Die Paprikaschote putzen, waschen, entkernen und würfeln. Den Staudensellerie putzen, waschen und in Ringe schneiden. Das Öl in einer Pfanne erhitzen und das Gemüse darin anschmoren.

Das Ei verquirlen und mit dem Paniermehl, Tabasco und Dill verrühren und unter das Gemüse mischen. Mit Salz und Pfeffer würzen.

Das Krebsfleisch klein schneiden und mit der Gemüsemasse vermengen. Den Backofen auf 180 °C (Umluft 160 °C) vorheizen.

Die Füllung in den Fisch füllen und diesen in einen gefetteten Bräter legen. Bei einzelnen Fischstücken die Füllung unter der Haut verteilen und rund um den Fisch legen.
Den Bräter mit Alufolie abdecken und im Ofen etwa 40 Minuten garen. Die Alufolie entfernen und den Fisch weitere 10 Minuten garen, bis die Gräten nicht mehr rosa sind.

Für 6 Portionen
- 2 Zwiebeln
- 2 Knoblauchzehen
- 1/2 grüne Paprikaschote
- 1 Stange Staudensellerie
- 3 El Sonnenblumenöl
- 1 Ei
- 50 g Paniermehl
- 1 Spritzer Tabasco
- 1 Tl getrockneter Dill
- Salz, Pfeffer
- 250 g gekochtes Krebsfleisch
- 1 küchenfertiger Kabeljau
- Fett für die Form

Zubereitungszeit 30 Minuten
(plus Schmor- und Backzeit)
Pro Portion ca. 198 kcal/832 kJ
28 g E · 5 g F · 14 g KH

it Krebsfleisch

Neuengland

2005er
Esser Cellars
Chardonnay
California

Manfred Esser präsentiert mit diesem einige Monate in französischem Eichenholz ausgebauten Wein ein Chardonnay-Glanzlicht. Der Duft erinnert an Quitten, Mirabellen, Aprikosen, tropische Früchte und Paranüsse. Der Wein wirkt keinesfalls schwer, sondern frisch und finessenreich.

Schellfisch mit Fenchel

Für 4 Portionen
3 Fenchelknollen mit Kraut
1 Zwiebel
4 El Olivenöl
2 El Butter
Salz
Pfeffer
60 g schwarze Oliven ohne Stein
1/2 Bund frisch gehackter Koriander
4 Schellfischfilets (à 200 g)

Zubereitungszeit 30 Minuten
(plus Schmor- und Backzeit)
Pro Portion ca. 340 kcal/1428 kJ
40 g E · 17 g F · 7 g KH

Schellfisch mit Fenchel

Das Fenchelkraut abschneiden und so viel hacken, dass es 3 El ergibt. Die Knollen längs halbieren und das harte Mittelstück herausschneiden. Die Fenchelknollen in etwa 0,5 cm dicke Stifte schneiden. Die Zwiebel schälen und in Würfel schneiden.

3 El Öl und die Butter in einer Pfanne erhitzen und den Fenchel mit den Zwiebeln darin andünsten. Abgedeckt etwa 30 Minuten bei geringer Temperatur dünsten, bis der Fenchel sehr weich ist. Mit Salz und Pfeffer würzen. Die Oliven in Scheiben schneiden, den Koriander hacken. Beides (vom Koriander nur die Hälfte) mit dem Fenchelkraut in die Pfanne geben und kurz mitschmoren.

Den Backofen auf 180 °C (Umluft 160 °C) vorheizen. Die Fenchelmasse in eine gefettete Auflaufform geben. Die Fischfilets von noch vorhandenen Gräten befreien und halbieren. Auf den Fenchel legen und mit dem restlichen Öl einstreichen. Im Ofen etwa 30 Minuten backen, bis der Fisch weich ist. Mit dem restlichen Koriander bestreut servieren.

2005er
Capellania
Rioja D.O.Ca.
Marqués de Murrieta

Einzigartig in Stil und Klasse ... ein goldgelbes Weinjuwel von Rioja-Legende Marqués de Murrieta. Der im Barrique gereifte Weißwein aus der Sorte Viura besitzt große Komplexität, verführerische Frucht und Ausdruckskraft. Herrlich die Noten von Aprikosen, Honig und Mandeln, am Gaumen Schmelz, Tiefe und Länge. Nur Trauben der Einzellage Capellania der berühmten Ygay-Weinberge kamen zum Einsatz.

Seebarsch mit Orangensauce

Alabama

Seebarsch mit Orangensauce

Den Backofen auf 180 °C (Umluft 160 °C) vorheizen. Einen großen Bräter mit 1 El Öl einpinseln. Die Fische innen und außen waschen, trockentupfen und mit 1 El Öl einfetten, mit Salz und Pfeffer würzen. Die Orange und Zitronen heiß abwaschen und in Scheiben schneiden. Den Dill und Kerbel waschen und trockenschütteln.

Pro Fisch je eine Orangen- und Zitronenscheibe in die Bauchhöhle legen sowie je einen Dill- und Kerbelzweig. Die Fische mit Küchengarn zubinden und in den Bräter legen. Mit dem restlichen Öl einpinseln und im Ofen etwa 40 Minuten backen.

Für 4 Portionen
2 küchenfertige Seebarsche
3 El Olivenöl
Salz
Pfeffer
1/2 Orange
2 Zitronen
1/2 Bund Dill
1/2 Bund Kerbel
3 El Orangensaft
3 El trockener Weißwein

Zubereitungszeit 20 Minuten
(plus Backzeit)
Pro Portion ca. 332 kcal/1394 kJ
56 g E · 5 g F · 10 g KH

Den Orangensaft mit dem Wein verrühren und erwärmen. Während des Garens die Fische damit einpinseln. Zerfällt das Fischfleisch leicht, wenn man mit einer Gabel hineinsticht, die Fische aus dem Ofen nehmen. Das Garn entfernen und die Fische filetieren. Mit den restlichen Kräutern und Zitronenscheiben servieren.

HEILBUTT MIT PEKANNUSSKRUSTE

HEILBUTT MIT TERIYAKISAUCE

HEILBUTT MIT CURRYSAUCE

HEILBUTT AUF GEMÜSEBETT

GEGRILLTER HEILBUTT MIT ORANGENMARINADE

HEILBUTT MIT ZITRONEN-INGWER-BUTTER

Heilbutt mit Kokossauce

Kalifornien

Für 4 Portionen
2 El Erdnussöl*
3 El rote Currypaste (Fertigprodukt)*
750 ml Kokosmilch*
Salz
125 g Mehl
2 Eier
1 Msp. Cayennepfeffer
230 g fein gehackte Macadamianüsse*
4 Heilbuttfilets (à 125 g)
60 g Butter*
2 El frisch gehackter Koriander*

Zubereitungszeit 30 Minuten
(plus Koch- und Backzeit)
Pro Portion ca. 845 kcal/3549 kJ
37 g E · 64 g F · 32 g KH

Heilbutt mit Kokossauce
Das Öl in einem Topf erhitzen und die Currypaste darin unter Rühren etwa 1 Minute erwärmen, bis sie sich aufgelöst hat. Die Kokosmilch hinzufügen und aufkochen. Die Sauce bei geringer Temperatur etwa 20 Minuten um die Hälfte einkochen lassen. Das Öl abschöpfen und die Sauce mit Salz abschmecken. Warm halten.

Den Backofen auf 200 °C (Umluft 180 °C) vorheizen. Das Mehl auf einen Teller geben, die Eier verquirlen, würzen und auf einen zweiten Teller geben. Die Nüsse auf einen dritten Teller verteilen.

Die Fischfilets entgräten, dann zuerst im Mehl wenden, abklopfen, durch die Eier ziehen und zuletzt in den Nüssen wälzen, bis sie vollständig damit bedeckt sind. Die Butter in einem Topf schmelzen.

Die Fischfilets auf ein gefettetes Backblech legen, die Butter darüber geben und 12 bis 14 Minuten im Ofen backen.

Die Heilbuttfilets mit der Kokos-Curry-Sauce servieren. Mit Koriander bestreuen. Nach Geschmack ein süßes Chutney dazureichen.

* Die mit einem Sternchen versehenen Zutaten können ausgetauscht werden. Gewürze und Kräuter je nach Belieben.

2006er
Première de Loire
Sauvignon, Touraine A.C.

Am Mittellauf der Loire liegt die Geheimtipp-Region Touraine, die sich in der letzten Dekade einen hervorragenden Ruf für leichte, trockene und dabei sehr nuancierte Weißweine erarbeitet hat. Und hier ist augenscheinlich ein Prachtwein gelungen. Selten hat man eine solch köstliche Liaison von Reichtum und Frische im Glas, aus dem die Aromen von schwarzen Johannisbeeren, Stachelbeeren und Maracuja fast herausspringen möchten.

Lachsküchlein

Ganz Amerika

Lachsküchlein (Salmon Cakes)

1 l Wasser mit dem Wein, Liebstöckel, Petersilie, Salz und Pfeffer in einem Topf aufkochen und die Temperatur herunterschalten. Die Lachsfilets einlegen und 10 Minuten ziehen lassen, bis der Fisch gar ist. Den Lachs aus dem Sud nehmen und abkühlen lassen. Dann Haut und Gräten entfernen und das Fischfleisch zerteilen. 30 g Paniermehl mit Thymian, Oregano, Senfpulver, Cayennepfeffer, Salz und Pfeffer verrühren. Die Zwiebel schälen und hacken. Den Sellerie schälen und würfeln, die Kapern klein schneiden. Mit Petersilie, Worcestersauce und dem verquirlten Ei zur Paniermehlmasse geben und alles mit dem Fischfleisch vermengen.

Aus dieser Masse kleine Küchlein formen und im restlichen Paniermehl wenden. 30 Minuten kühl stellen. Olivenöl in einer Pfanne erhitzen und die Küchlein darin von jeder Seite etwa 3 Minuten goldbraun braten. Auf Küchenpapier abtropfen lassen. Mit Tartar- oder Remouladensauce servieren.

Für 10 Stücke
250 ml Weißwein
4 Liebstöckelstängel
1/2 Bund glatte Petersilie
1 Tl grobes Salz
6 schwarze Pfefferkörner
450 g Lachsfilet
140 g Paniermehl
1 El frisch gehackter Thymian
1 Tl getrockneter Oregano
1/2 Tl Senfpulver
1 Prise Cayennepfeffer
Salz, Pfeffer
1 Zwiebel, 100 g Sellerie
1 El Kapern (Glas)
1 El frisch gehackte Petersilie
1 Tl Worcestersauce
1 Ei
2 El Olivenöl

Zubereitungszeit 30 Minuten
(plus Gar- und Bratzeit)
Pro Stück ca. 156 kcal/655 kJ
11 g E · 5 g F · 12 g KH

Sparsamere US-Hausfrauen bereiten statt Salmon Cakes nach diesem Rezept Fish Cakes zu und verwenden dabei Kabeljau-, Schellfisch- oder Seelachsfilet. Fish Cakes sind auch eine hervorragende Resteverwertung nach einem Fish Boil, einer geselligen Party, bei der in einem großen Kessel Fisch, Kartoffeln und Zwiebeln gekocht werden. Fish Boils kennt man vor allem an den großen Seen, in Neuengland gibt es dagegen die Tradition der Clam Bakes, bei denen Hummer, Muscheln, Huhn, Kartoffeln und Mais in einer Erdgrube auf heißen Steinen dämpfen.

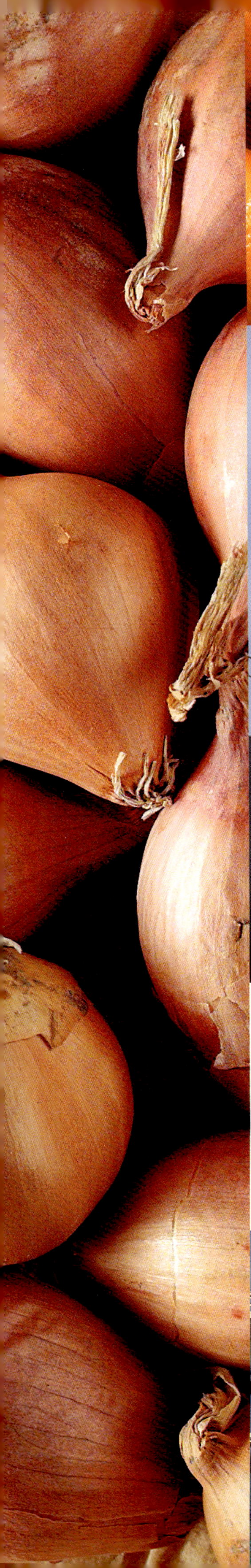

Nach Hawaii ist Florida der südlichste Bundestaat der USA, die Karibik und Lateinamerika liegen geradezu vor der Tür. Das spiegelt sich auch in der modernen Regionalküche wider, die leicht und gut gewürzt ist und viel Gebrauch von Zitrusfrüchten, frischen Gemüsen und Fisch macht.

Tipp: Unreife Mangos sind hart und geschmacklos. Eine reife Frucht erkennen Sie daran, dass sie duftet und auf Druck leicht nachgibt.

Für 6 Portionen	125 g Schne
600 g Mangofleisch	4 El frischer Orangensaft
150 g Tomaten	edelsüßes Paprikapulver
4 Schalotten, 1 rote Chilischote	6 Stache makrelenfilets (à 230 g)
1 El abgeriebene Schale einer unbehandelten Orange	3 El Olivenöl
Salz, Pfeffer	
200 ml Weißwein	

Zubereitungszeit 30 Minuten
(plus Koch- und Grillzeit)
Pro Portion ca. 586 kcal/2454 kJ
46 g E · 34 g F · 18 g KH

Pompano mit Mangocreme

Florida

Pompano mit Mangocreme
200 g Mangofleisch in Würfel schneiden. Die Tomaten vom Stielansatz befreien, waschen und würfeln, 2 Schalotten schälen und in Ringe schneiden. Die Chilis putzen, waschen, entkernen und fein hacken.

Mango, Tomaten, Schalotten, Chili, Orangenschale, Salz und Pfeffer vermischen und beiseite stellen.

Die restliche Mango fein hacken, die Schalotten schälen und hacken. Beides mit dem Wein zum Kochen bringen und bei geringer Temperatur etwa 5 Minuten köcheln. Die Flüssigkeit etwas reduzieren. Die Sahne hinzufügen und alles weitere 5 Minuten köcheln. Den Orangensaft und das Paprikapulver einrühren, etwas abkühlen lassen und die Sauce pürieren.

Die Fischfilets mit der Hautseite nach unten auf ein geöltes Backblech legen und mit Olivenöl einstreichen, mit Salz und Pfeffer würzen. Unter dem vorgeheizten Grill (etwa 10 cm entfernt) 6 Minuten grillen, dann wenden und weitere 6 Minuten grillen, bis das Fischfleisch weich ist. Die Fischfilets auf der Mangocreme servieren und mit der Mangosauce überziehen.

Vieilles Vignes
Laroche
CHABLIS
2006
ÉLEVÉ ET MIS EN BOUTEILLE PAR LAROCHE, CHABLIS, FRANCE
LAROCHE

Gebratener Catfish

Südstaaten

Gebratener Catfish (Wels)

Die Fischfilets von Grätenresten befreien und trockentupfen. Die Milch in eine Schüssel geben. Das Maismehl und die Gewürze in einem Teller gut vermischen.

Das Öl in einer Pfanne erhitzen. Die Fischfilets zuerst in die Milch tauchen, dann in der Maismehlmischung wenden. Überschüssiges Mehl abklopfen.

Die Fischfilets im Öl von jeder Seite etwa 5 Minuten goldbraun braten. Auf Küchenpapier abtropfen lassen.

Die Zitrone vierteln und zu jedem Welsfilet ein Zitronenviertel servieren. Dazu Maisbällchen und Krautsalat reichen.

Für 4 Portionen

4 Welsfilets (à 150 g)
250 ml Milch
160 g Maismehl
1 Tl Salz
1/2 Tl edelsüßes Paprikapulver
1/2 Tl gemahlener Kreuzkümmel
1/2 Tl Cayennepfeffer
250 ml Sonnenblumenöl
1 Zitrone

Zubereitungszeit 15 Minuten
(plus Bratzeit)
Pro Portion ca. 663 kcal/2803 kJ
29 g E · 46 g F · 35 g KH

2006er
Laroche Vieilles Vignes
Chablis A.C.

Ein nobler, würdevoller Chablis von sehr alten Rebstöcken, die diesem Wein einen besonders extraktreichen und gehaltvollen Charakter verleihen. Das Bouquet ist frisch und klar, es zeigen sich Noten von grünem Apfel, Heu, auch Quitte und etwas Feuerstein, mit elegantem Körper, rassig und von großer Brillanz. Ein Kleinod voller Charme und ein echter Burgunder.

Fisch auf mexikanische Art

Für 4 Portionen
800 g Fischfilet nach Wahl
250 ml Salsa nach Geschmack (mild oder scharf)
125 g frisch geriebener Cheddar
50 g Maistortilla-Chips, natur
1 Avocado
100 g saure Sahne
Fett für die Form

Zubereitungszeit 20 Minuten (plus Backzeit)
Pro Portion ca. 445 kcal/1869 kJ
45 g E · 20 g F · 21 g KH

Fisch auf mexikanische Art
Den Backofen auf 200 °C (Umluft 180 °C) vorheizen. Eine flache Auflaufform fetten.

Die Fischfilets trockentupfen und in die Form legen. Mit der Salsa bestreichen und mit dem Käse bestreuen.

Die Tortilla-Chips zerbröseln und über die Fischfilets streuen. Den Fisch im Ofen etwa 20 Minuten backen. Inzwischen die Avocado schälen, den Kern entfernen und das Fruchtfleisch in Scheiben schneiden.

Die überbackenen Fischfilets mit saurer Sahne und Avocadoscheiben servieren.

Zu diesem schnell zubereiteten Gericht passt **Mexican Style Rice**: Dazu eine Tasse Reis in zwei Tassen einer Mischung aus Wasser, Brühe und Tomatensaft garen, mit Salz, Pfeffer und Knoblauch abschmecken. Wer mag, kann gegarte Erbsen unterheben.

Süßsaurer Fisch
Hawaii

Süßsaurer Fisch

Das Ei mit Speisestärke, Mehl, 3 El Sojasauce und etwas Wasser zu einem dickflüssigen Teig verrühren. Die Fischfilets von Gräten befreien und trockentupfen.

Das Öl in einer Pfanne erhitzen. Die Fischfilets im Teig wenden, abtropfen und im Öl von beiden Seiten etwa 5 Minuten goldbraun braten. Herausnehmen und im Ofen warm stellen.

Die Zwiebel und die Knoblauchzehe schälen und würfeln. Die Paprikaschote putzen, waschen, entkernen und in Streifen schneiden. Die Tomaten von den Stielansätzen befreien, waschen und achteln.

Das Gemüse außer der Tomaten und Ananas in die Pfanne geben und schmoren. 275 ml Wasser mit dem Essig, Zucker, Ketchup, der restlichen Sojasauce und den übrigen Zutaten verrühren und zum Gemüse geben. Aufkochen und etwas andicken, dann die Tomaten und die abgetropften Ananasstücke hinzufügen und miterhitzen.

Die Fischfilets mit der Gemüse-Ananas-Mischung servieren.

Für 4 Portionen
1 Ei
je 2 El Speisestärke und Mehl
4 El Sojasauce
4 Fischfilets (à 200 g)
3 El Pflanzenöl
1 große Zwiebel
1 Knoblauchzehe
1 gelbe Paprikaschote
2 kleine Tomaten
200 g Ananas in Stücken (Dose)
50 ml Weißweinessig
50 g Zucker
3 El Ketchup
einige Tropfen Sambal Oelek
oder Tabasco nach Geschmack

Zubereitungszeit 20 Minuten
(plus Brat- und Schmorzeit)
Pro Portion ca. 300 kcal/1260 kJ
40 g E · 4 g F · 23 g KH

JAMBALAYA MIT GARNELEN UND HUHN

JAMBALYA MIT ANDOUILLE (PIKANTE WURST) UND MEERESFRÜCHTEN

JAMBALAYA MIT TINTENFISCH

JAMBALAYA MIT KREBSFLEISCH

JAMBALAYA MIT FISCHFLEISCH

JAMBALAYA MIT MUSCHELFLEISCH

Jambalaya mit Shrimps

Südstaaten

Für 4 Portionen
6 Scheiben Räucherspeck oder
200 g Schinken*
2 Zwiebeln
1 Knoblauchzehe
1 rote Paprikaschote*
1 Stange Staudensellerie*
Salz, Pfeffer
½ Tl getrockneter Thymian
2 Lorbeerblätter
1 Spritzer Tabasco
1 Prise gemahlene Muskatnuss
½ Tl Worcestersauce
3 El Tomatenmark*
600 ml Fischfond
300 g Reis
½ Bund frisch gehackte
Petersilie*
250 g gekochte Shrimps,
ohne Schale*

Zubereitungszeit 25 Minuten
(plus Schmor- und Garzeit)
Pro Portion ca. 432 kcal/1816 kJ
28 g E · 6 g F · 65 g KH

Jambalaya mit Shrimps
Den Speck in Würfel schneiden und in einer Pfanne auslassen. Die Zwiebeln und den Knoblauch schälen und fein hacken. Die Paprikaschote putzen, waschen, entkernen und würfeln. Den Stangensellerie putzen, waschen und klein schneiden.

Die Zwiebeln und den Knoblauch zum Speck geben und schmoren, bis die Zwiebeln Farbe annehmen. Dann die Paprika- und Selleriewürfel hinzufügen und 3 Minuten unter Rühren mitschmoren.

Die Gewürze, Worcestersauce, Tabasco und Tomatenmark sowie den Fischfond einrühren und einmal aufkochen lassen.

Dann den Reis hinzugeben und abgedeckt etwa 25 Minuten garen, bis die Flüssigkeit aufgesogen ist.

Zuletzt die Shrimps und die Petersilie dazugeben und heiß werden lassen. Vor dem Servieren die Lorbeerblätter entfernen.

* Die mit einem Sternchen versehenen Zutaten können ausgetauscht werden. Gewürze und Kräuter je nach Belieben.

Süßspeisen und Desserts

Das „Kaffeetrinken am Nachmittag“ kennen die US-Amerikaner nicht. Kuchen und Torten werden stattdessen als Dessert serviert – oder es gibt Eis und Obst als süßen Abschluss der Mahlzeit.

Amerikaner sind ausgesprochene Süßschnäbel. Ihre Vorliebe für süßes Backwerk zieht sich durch den ganzen Tag: Muffins, Donuts und Bagels gibt es zum Frühstück, schokoladige Brownies oder nussige Kuchenriegel als Snack zwischendurch, und den süßen Abschluss des Dinners bildet vielleicht ein Obstpie, ein süßer Auflauf oder ein Stück Kokosnuss-Cremekuchen. Wer es leichter mag, isst Obstsalat.

Neben den gebackenen lieben die Amerikaner vor allem gefrorene Desserts: Mit einem durchschnittlichen Verzehr von 22 Litern pro Person und Jahr sind US-Bürger die „Weltmeister“ im Eisessen. Schon James Madison, der vierte Präsident der USA, soll eine handgekurbelte Eismaschine besessen haben.

Berühmt ist die cremige, gehaltvolle Philadelphia Ice Cream aus einer Grundmasse aus Sahne, aber ohne Eier, aromatisiert mit Vanille, gerösteten Nüssen, Karamell oder Schokostücken. Fügen Sie jetzt noch einige Kleckse Sahne, Maraschinokirschen und warme Saucen hinzu, und Sie haben einen Ice Cream Sundae, ein wahrhaft sonntägliches Dessert!

Süßspeisen und Desserts

Cookies, Cakes, Muffins, Brownies – das „Who is Who" des amerikanischen Backens

Die amerikanische Küche bietet eine riesige Auswahl an süßem Gebäck. Frei nach der ur-amerikanischen Devise „Time is money" sind fast alle Backwaren ganz unkompliziert zuzubereiten: trockene Zutaten in einer Schüssel mischen, feuchte in einer anderen, zusammenrühren – fertig. Bei den meisten Rezepten müssen Sie nicht einmal den Mixer benutzen.

Muffins sind kleine Kuchen aus der speziellen Muffinform, am beliebtesten mit Blaubeeren oder Schokostückchen.

Bei **Pies** schließt eine pastetenartige Teighülle die leckere Fruchtfüllung oder eine Cremeschicht ein. Mit einem Klecks Sahne oder einer Kugel Eis sind Pies ein beliebtes Dessert.

Chocoholics (Schokoladensüchtige) mögen **Brownies**, kompakte, feuchte Schokoschnitten mit Schokostückchen und vielleicht sogar noch Schokoguss.

Handtellergroß und eher weich und mürbe als knusprig: Das sind amerikanische **Cookies**. Probieren Sie einmal die Sorte Chocolate Chip, bei der gehackte Schokolade eingebacken wird.

Bagels stammen aus der jüdischen Küche: Die kompakten Brötchenkringel schmecken sehr gut mit Frischkäseaufstrich.

Cake steht für Kuchen. Das können flache, zimtige Rührkuchen mit Äpfeln sein, Frischkäsekreationen (Cheesecake), aber auch mehrstöckige Cremetorten wie der berühmte Denver Red Cake.

BROWNIES MIT KAKAOPULVER

BROWNIES MIT SCKOKOLADENSIRUP

BROWNIES MIT GEMISCHTEN NÜSSEN

BROWNIES MIT GEHACKTEN MANDELN

BROWNIES MIT VANILLEEIS

BROWNIES MIT TROCKENFRÜCHTEN

Brownies

Ganz Amerika

Für 12 Stücke
125 g Bitterschokolade
100 g weiche Butter
2 Eier
200 g brauner Zucker*
1 Päckchen Vanillinzucker*
150 g Mehl
je ½ Tl Salz und Backpulver
100 g gemahlene Walnüsse*
12 Walnusshälften
Mehl und Fett für die Form

Zubereitungszeit 20 Minuten
(plus Backzeit)
Pro Stück ca. 296 kcal / 1246 kJ
5 g E · 17 g F · 32 g KH

Brownies

Den Backofen auf 190 °C (Umluft 170 °C) vorheizen. Die Springform leicht einfetten, mit Mehl bestäuben, überschüssiges Mehl abklopfen.

Die Schokolade in einem kleinen Topf bei geringer Hitze oder im Wasserbad unter Rühren glatt rühren, beiseite stellen und leicht abkühlen lassen.

Die Butter mit den Eiern und dem Zucker mit dem elektrischen Handrührgerät in einer Schüssel cremig rühren. Den Vanillinzucker zugeben und gut verrühren. Die Schokolade in die Eiermischung rühren. Das Mehl und Salz zugeben und alles zu einem glatten Teig verrühren.

Die Walnüsse unterheben, den Teig in die Form füllen, gleichmäßig verteilen und mit den Walnusshälften garnieren. Auf der mittleren Schiene ca. 30 Minuten backen, bis die Kuchenmitte fest ist.

Abkühlen lassen und in die gewünschten Portionen schneiden.

* Die mit einem Sternchen versehenen Zutaten können ausgetauscht werden. Gewürze und Kräuter je nach Belieben.

Mousse mit Ahornsirup

Vermont

Mousse mit Ahornsirup
Die Gelatine in 2 El Wasser etwa 10 Minuten einweichen. Dann ausdrücken. Den Ahornsirup etwas erwärmen und die Gelatine darin auflösen.

Die Eigelbe sehr schaumig schlagen und den Ahornsirup mit Gelatine und Rum unterrühren.

Für 6 Portionen
3 Blatt weiße Gelatine
180 ml Ahornsirup
3 Eigelb
400 g Sahne
2 cl brauner Rum
geröstete Mandelblättchen

Zubereitungszeit 15 Minuten
(plus Einweich- und Kühlzeit)
Pro Portion ca. 368 kcal/1547 kJ
11 g E · 24 g F · 26 g KH

Die Sahne steif schlagen und unter die Ahornsirupcreme heben – nicht zuviel rühren!

Die Mousse im Kühlschrank fest werden lassen.

Mit Mandelblättchen garniert servieren.

Diese lockere Creme lässt sich gut am Tag vor einem festlichen Essen zubereiten: Spritzen Sie sie in hübsche Gläser, stellen Sie sie kalt und und dekorieren Sie sie später nur noch mit frischen Früchten. Oder stellen Sie aus der Masse gleich ein Parfait her: Lassen Sie die Gelatine weg, füllen Sie die Masse in Förmchen und frieren Sie sie ein. Zum Servieren halten Sie die Behälter kurz in heißes Wasser und stürzen das Parfait auf Portionsteller.

Flan – wir Europäer sagen Creme Caramel dazu – ist das typische Dessert der mexikanischen und TexMex-Küche. Dort wird die Form üblicherweise mit karamellisiertem Zucker ausgegossen. Köche in Florida haben dagegen diese interessante Variation mit Orangenaroma ersonnen, und in Neuengland wird die Eiermilch über eingekochten Ahornsirup gefüllt. Statt in einer großen Form können Sie Flan auch in Portionsförmchen zubereiten – feuerfeste Tassen eignen sich prima. Die Garzeit verringert sich dann auf 20 bis 25 Minuten. Stürzen Sie das Dessert auf Teller und garnieren Sie es mit frischen Früchten.

Für 6 Portionen
- 2 El Orangensaft
- 3 El Orangenmarmelade
- 175 g Zucker
- 4 Eier
- 250 g Sahne
- 300 ml Milch
- 1 unbehandelte Orange

Zubereitungszeit 20 Minuten
(plus Kühl- und Backzeit)
Pro Portion ca. 358 kcal / 1505 kJ
8 g E · 19 g F · 39 g KH

Orangen-Flan

Orangen-Flan

Den Backofen auf 175 °C (Umluft 155 °C) vorheizen. Den Orangensaft und die Marmelade mit 50 g Zucker in einem kleinen Topf verrühren und aufkochen.

Den Boden einer feuerfesten Auflaufform mit der Orangenmasse bedecken und im Kühlschrank gelieren lassen. Die Eier mit dem restlichen Zucker verrühren, mit dem Schneebesen Sahne und Milch untermischen.

Die Orange heiß abwaschen und trockentupfen, die Hälfte der Schale abreiben und die Frucht in Scheiben schneiden. Die Orangenschale unter die Eier-Sahne-Creme rühren. Diese dann durch ein Sieb in die Form gießen und im Wasserbad (in die Fettpfanne Wasser füllen und die Form hineinstellen) im Ofen etwa 40 Minuten stocken lassen. Abkühlen lassen, dann stürzen und mit Orangenscheiben garniert servieren.

THE Lord Is Comming Soon, you must get ready to go back with him. REV. 22:7 Behold, I come quickly; Blessed is he who keepeth the saying of the prophecy of this book. Mat. 24:7 Nation shall rise against Nation, and Kingdom against Kingdom; ...earthquakes, in divers places. Mat. 24:30 Then shall appear the sign of the Son of man in heaven; ... comming in the clouds... Mat. 24:6 ... WARS and rumors of WARS... THE Lord gave me a vision that "9/11" was the beginning of "rumors of WARS." It's known, of the bombings in Isreal + Jerusalem, so get ready and do it Quick.
843-577-9139
JESUS IS THE ONLY FIRE ESCAPE
"NO MORE WATER" "BUT BY FIRE NEXT TIME"
We Take Car Donations to Help the Poor

PYREX

Bananen-Pudding

Die Bananen schälen und in Scheiben schneiden. In eine gefettete Auflaufform schichtweise die Plätzchen und die Bananenscheiben legen.

Den Pudding nach Anweisung, jedoch mit 650 ml Milch und 75 g Zucker kochen, sodass er noch flüssig ist und die Kekse weich werden können. Den Pudding über die Kekse und Bananen geben.

Den Backofen auf 225 °C (Umluft 200 °C) vorheizen.

Die Eiweiße mit dem restlichen Zucker steif schlagen und über dem Pudding verteilen. Mit einem Löffelrücken glatt streichen. Im Ofen etwa 10 Minuten backen, bis der Eischnee eine schöne helle Bräune annimmt. Schmeckt warm und kalt.

Für 6 Portionen
3–4 reife Bananen
100 g Eierplätzchen
1 Päckchen Vanille-Puddingpulver
650 ml Milch
85 g Zucker
2 Eiweiß
Fett für die Form

Zubereitungszeit 15 Minuten
(plus Koch- und Backzeit)
Pro Portion ca. 336 kcal/1414 kJ
8 g E · 9 g F · 55 g KH

Bananen-Pudding

Alabama

Der aromatische, cremige Banana Pudding ist klassisches **Soul Food**. Der Begriff steht in den USA für nahrhafte, einfache Hausmannskost wie Fried Chicken, Biscuits, Maisbrot – nicht gerade kalorienarm, aber eben etwas für die Seele! Soul-Food-Rezepte gehen zurück auf die Sklavenzeit und sind eine Weiterentwicklung der Essgewohnheiten der Afro-Amerikaner. Sie mussten auf den Plantagen des Südens arbeiten und verfügten im Prinzip nur über die Lebensmittel, die ihre Besitzer ihnen zukommen ließen – magere Portionen von Mais, Bohnen und Reis, dazu Fleischstücke, die in den Herrenhäusern selbst verschmäht wurden. Afrikanische Gemüsesorten hatten die Sklavenhändler ebenfalls mitgebracht. So wurden Erdnüsse, Okraschoten, Süßkartoffeln, Auberginen und Bananen damals nur für die Schwarzen angebaut, heute sind sie fester Bestandteil der Südstaatenküche.

Pfirsich-Cobbler

Für 6 Portionen
1 kg Pfirsiche
½ –1 Tl Zimt
150 g Mehl
100 g Haferflocken
60 g brauner Zucker
1 Päckchen Vanillinzucker
125 g Butter
Fett für die Form

Zubereitungszeit 20 Minuten (plus Backzeit)
Pro Portion ca. 412 kcal/1728 kJ
6 g E · 19 g F · 54 g KH

Pfirsich-Cobbler
Den Backofen auf 180 °C (Umluft 160 °C) vorheizen. Die Pfirsiche heiß überbrühen und häuten. Halbieren, die Steine entfernen und das Fruchtfleisch in Stücke schneiden.

Die Obststücke in eine flache, gefettete Auflaufform legen und mit Zimt bestreuen.

Das Mehl und die Haferflocken mit dem Zucker sowie Vanillinzucker in einer Schüssel mischen. Die Butter in Stücke schneiden und untermischen. Die Masse mit den Händen zügig zu Streuseln kneten. Die Streusel über die Pfirsiche geben und im Ofen etwa 30 Minuten goldbraun backen.

Zu warmem Pfirsich-Cobbler Crème fraîche reichen.

Cobbler ist eigentlich der englische Ausdruck für Schuhflicker. Wundern Sie sich nicht, wenn Sie in den USA das Wort auf Speisekarten finden: Unter Cobbler verstehen die Amerikaner einen heiss oder lauwarm servierten Nachtisch aus Früchten mit Teigkruste. Bei Cobbler können Sie die Pfirsiche auch durch Beeren (zuckern und mit etwas Speisestärke bestäuben) oder vorgegarte Apfelstückchen in etwas Sud ersetzen. Geben Sie dann einen eher flüssigen Teig aus 150 g Mehl, 75 g Zucker, 1 Tl Backpulver, 125 ml Buttermilch und 75 g geschmolzener Butter über das Obst.

Brotpudding mit Beeren

Indiana

Brotpudding mit Beeren

Den Backofen auf 175 °C (Umluft 155 °C) vorheizen. Das Brot oder den Hefezopf in Stücke brechen und in eine gefettete Keramik-Auflaufform legen.

Die Butter schmelzen und über das Brot träufeln. Die verquirlten Eier mit der Milch, dem Zucker, Zimt und Vanillinzucker verrühren und ebenfalls über Brot oder Hefezopf gießen. Die Masse etwas herunterdrücken, damit die Flüssigkeit gut aufgesogen wird.

Die Johannisbeeren verlesen, waschen, abtropfen lassen und über dem Auflauf verteilen. Im Ofen etwa 45 Minuten backen, bis sich die Masse gesetzt hat und oben leicht gebräunt ist.

Für 4 Portionen
6 Scheiben Weißbrot oder Hefezopf vom Vortag (etwa 300 g)
30 g Butter
4 Eier
450 ml Milch
75–100 g brauner Zucker
1 Tl Zimt
½ Päckchen Vanillinzucker
200 g frische Johannisbeeren
Fett für die Form

Zubereitungszeit 20 Minuten (plus Backzeit)
Pro Portion ca. 492 kcal/2066 kJ
17 g E · 17 g F · 63 g KH

Servieren Sie dieses Dessert auf deutsche Art mit Vanillesauce – auf amerikanische Art mit einer Kugel Vanilleeis oder einer Whisky Sauce. Erhitzen Sie dafür in einem Topf 100 g Zucker mit 115 g Butter, 120 g Sahne und 60 ml gutem Whisky, bis sich alles gelöst hat.

SCHOKOLADENEIS MIT MARSHMALLOWSAUCE

ZITRONENEIS

ERDBEEREIS

KIRSCHEIS

PFIRSICHEIS MIT AMARETTO

PRALINÉ-EIS

Pfefferminzeis Rot-Weiß

Philadelphia

Für ca. 1,25 l Eis (10 Portionen)
90 g rot-weiße Pfefferminzdragees oder -konfekt*
750 g Sahne
250 ml Milch
125 g Zucker
4 Eigelb

Zubereitungszeit 25 Minuten (plus Gefrierzeit)
Pro Portion ca. 347 kcal/1457 kJ
5 g E · 27 g F · 2 g KH

Pfefferminzeis Rot-Weiß
Das Pfefferminzkonfekt grob zerkleinern und 70 g in der Küchenmaschine fein zermahlen.

Die Sahne mit der Milch und dem Zucker in einem Topf unter ständigem Rühren erhitzen, aber nicht kochen. Der Zucker soll sich auflösen, dann den Topf vom Herd nehmen.

Die Eigelbe verquirlen und mit 250 ml der Sahnemischung verrühren. Die Eimischung mit der restlichen Sahnemischung im Topf etwa 8 Minuten unter Rühren andicken lassen, nicht kochen. Die Masse sollte am Löffel hängenbleiben.

Die Creme in eine Glasschüssel füllen und mit dem gemahlenen Pfefferminzkonfekt vermischen. Abkühlen lassen. Die Masse im Gefrierschrank oder in einer Eismaschine gefrieren lassen. Kurz bevor das Eis fest wird, die restlichen Pfefferminzdragees unterheben.

* Die mit einem Sternchen versehenen Zutaten können ausgetauscht werden. Gewürze und Kräuter je nach Belieben.

Erdnussplätzchen

Erdnussplätzchen

Das Mehl mit dem Backpulver und Natron in eine Schüssel sieben und das Salz zugeben.

Die Margarine und die Erdnussbutter weich werden lassen. Beides mit dem gesamten Zucker in einer zweiten Schüssel mit dem elektrischen Handrührgerät schaumig schlagen. Die Eier nach und nach zugeben und gut unterrühren. Die Mehlmischung zugeben und die gehackten Erdnüsse untermischen.

Den Backofen auf 175 °C (Umluft 155 °C) vorheizen.

Den Teig mit angefeuchteten Händen oder einem Löffel zu 2 bis 3 cm großen Kugeln formen und diese im Abstand von 4 bis 5 cm auf ein mit Backpapier belegtes Blech setzen. Jede Kugel mit einer Gabel kreuzweise flach drücken, so dass ein Karomuster entsteht und die Plätzchen etwa 0,5 cm hoch sind.

Auf der mittleren Schiene im Ofen 10 bis 12 Minuten goldbraun backen, dann auf einem Kuchengitter abkühlen lassen.

Für 25 Stücke
250 g Mehl
1 Tl Backpulver
½ Tl Natron
¼ Tl Salz
125 g Margarine
125 g Erdnussbutter
je 100 g brauner und weißer Zucker
2 Eier
50 g grob gehackte Erdnüsse

Zubereitungszeit 30 Minuten
(plus Backzeit)
Pro Stück ca. 149 kcal/628 kJ
3 g E · 8 g F · 16 g KH

In den USA gibt es fast in jedem Einkaufszentrum **Cookie Shops**, wo tablettweise noch warme, handtellergroße Cookies in den verlockendsten Sorten angeboten werden: mit Chocolate Chips (Schokostückchen) in weiss, braun oder schwarz, mit Nüssen, Rosinen, Früchten oder eben Erdnussbutter.

Den Teig unseres Rezeptes können Sie ganz einfach abwandeln, indem Sie die Erdnussbutter durch Margarine ersetzen und statt der gehackten Erdnüsse andere Zutaten dazugeben. Besonders lecker ist eine Kombination aus 100 g grob gehackter Blockschokolade und 100 g gehackten Pecan-, Wal- oder Macadamianüssen.

Die Kraft Food Company verkauft jährlich in den USA mehr als 400 Millionen Päckchen Jell-O, eine Götterspeise, die es in 23 Sorten – von Aprikose bis Wild Berry – gibt. Das aromatisierte Gelatinepulver ist in der US-Küche Grundlage für vielfältige Dessertideen, bei der der Masse zum Beispiel Obst, Nüsse, Kekse und Sahne zugesetzt werden.

Jell-O-Shots sind beschwipste Wackelpudding-Variationen, die seit den 80er Jahren bei jungen Leuten extrem beliebt sind: Die Götterspeise wird mit halb Wasser, halb Wodka zubereitet und in kleine Papierbecher gefüllt.

Götterspeise mit Cottage Cheese

Nashville

Für 6 Portionen
400 g Hüttenkäse (Cottage Cheese)
1 Päckchen Götterspeise
Zucker für die Götterspeise (nach Packungsanweisung)
175 g Ananasstücke (Dose)

Zubereitungszeit 20 Minuten
(plus Koch- und Kühlzeit)
Pro Portion ca. 193 kcal/811 kJ
11 g E · 3 g [illegible] · 18 g KH

Götterspeise mit Cottage Cheese

Den Hüttenkäse in einem Sieb mit Wasser abspülen (sonst wird das Dessert zu milchig) und gut abtropfen lassen, nach Bedarf mit einem Papiertuch abtupfen.

Die Ananasstücke im Mixer zerhacken und die Flüssigkeit abgießen, die Stücke ebenfalls etwas abtupfen. Die Götterspeise mit der entsprechenden Menge Zucker nach Vorschrift kochen, aber mit etwas weniger Flüssigkeit, damit sie richtig fest wird.

Den Hüttenkäse und die Ananas unter die Götterspeise heben und in eine Puddingform füllen. Kühl stellen.

Wenn die Masse schon etwas erkaltet ist, alles nochmals umrühren, damit die Ananas und der Cottage Cheese nicht am Boden kleben.

Die Götterspeise stürzen und mit Vanillesauce servieren.

Reisauflauf

Den Reis in wenig gesalzenem Wasser nach Packungsanweisung garen, abgießen und abkühlen lassen. Am besten schon am Vortag kochen.

Den Backofen auf 160 °C (Umluft 140 °C) vorheizen. Die Milch mit den restlichen Zutaten (außer Reis) in einer Schüssel gut verrühren. Zum Schluss den Reis unterheben.

Eine Auflaufform einfetten und die Reismischung hineingeben. Im Ofen etwa 1 Stunde backen, bis die Masse fest ist. Den Auflauf aus dem Ofen nehmen und 20 Minuten abkühlen lassen. Noch warm servieren. Nach Belieben Früchtekompott dazureichen.

Reisauflauf

New Orleans

Für 6 Portionen
- 225 g Langkornreis
- Salz
- 350 ml Milch
- 25 g Butter
- 4 Eier
- 75 g Zucker
- 1 Päckchen Vanillinzucker
- 1 TL abgeriebene Schale einer unbehandelten Zitrone
- ½ TL Zimtpulver
- ½ TL gemahlene Muskatnuss
- 75 g Rosinen
- Fett für die Form

Zubereitungszeit 15 Minuten
(plus Gar- und Backzeit)
Pro Portion ca. 353 kcal/1483 kJ
10 g E · 10 g F · 54 g KH

Rice Pudding ist ein gehaltvoller Nachtisch, der sich auch als süßes Mittag- oder Abendessen eignet. Die Aromen dieses Südstaaten-Desserts sind ganz typisch für die USA: Ein bisschen salzig, schön süß und ein Hauch Zimt – so schmecken den Amerikanern Kuchen und Aufläufe. Louisiana, woher dieses Rezept stammt, ist heute noch eines der Hauptanbaugebiete für Reis – neben Kalifornien, Arkansas, Mississippi und Texas. South Carolina spielt keine Rolle mehr, obwohl hier 1685 die kommerzielle Reisproduktion startete und dem Staat fast zwei Jahrhunderte lang immensen Reichtum brachte. Dann jedoch wanderten die ehemaligen Sklaven ab und andere, weniger arbeitsintensive Feldfrüchte nahmen überhand.

Erdbeerküchlein

Für 35 Stücke
450 g Mehl
1 El Backpulver
6 El Zucker
1 Prise Salz
100 g Butter
1 Ei
180 ml Milch
ca. 600 g frische Erdbeeren
2 Tropfen Vanilleextrakt
250 g Sahne
Puderzucker nach Geschmack

Zubereitungszeit 30 Minuten
(plus Ruhe- und Backzeit)
Pro Stück ca. 100 kcal/420 kJ ·
1 g E · 5 g F · 11 g KH

Erdbeerküchlein
Das Mehl mit dem Backpulver, 3 El Zucker und Salz in eine Schüssel geben. Die Butter stückchenweise zugeben und mit den Händen unterkneten. Das Ei mit der Milch verquirlen und unter die Mehl-Butter-Masse mischen. Daraus einen glatten Teig herstellen.

Den Teig auf einer bemehlten Arbeitsfläche ungefähr 2 cm dick ausrollen. Anschließend mit einem Glas Kreise von ca. 5 cm Durchmesser ausstechen. Teigkreise auf ein Backblech legen (nicht einfetten!) und kurz ruhen lassen. Den Backofen auf 230 °C (Umluft 210°C) vorheizen.

Die Erdbeeren verlesen, putzen, waschen und klein schneiden. Mit dem restlichen Zucker und Vanilleextrakt mischen und 30 Minuten kühl stellen. Die Sahne steif schlagen und nach Geschmack mit Puderzucker mischen.

Die Teigkreise im Ofen etwa 15 Minuten backen, dann leicht abkühlen lassen. Anschließend durchschneiden und auf je eine untere Hälfte Erdbeeren mit Saft geben. Etwas Sahne darauf geben und die zweite Teighälfte darüber setzen. Mit Sahne verzieren.

Wenn Sie schon einmal in England oder Irland Urlaub gemacht haben, kennen Sie vermutlich **Strawberry Shortcake** – ein süßes „Brötchen" mit Erdbeerstücken und Schlagsahne serviert. Auch die Amerikaner lieben dieses Dessert schon seit 150 Jahren – seit Zeiten, als Erdbeeren noch als Luxusgut galten und nur auf die Tische der Reichen kamen.

Statt der extra gebackenen Biscuits können Sie übrigens auch Scheiben von Rührkuchen verwenden. Das ist zwar nicht original, schmeckt aber ebenso gut, vor allem, wenn Sie wirklich reife, aromatische Erdbeeren bekommen!

Cheesecake New York

Cheesecake (Käsekuchen Deli-Style)

Die Kekse oder den Zwieback in eine Plastiktüte geben und mit dem Nudelholz fein zerkleinern. Die Kekskrümel mit 200 g Zucker, Zimt und der weichen Butter in einer Schüssel mit einer Gabel vermengen. Die Springform einfetten, den Teig in die Form drücken, dabei einen Rand von 2 cm formen.

Den Backofen auf 170 °C (Umluft 150 °C) vorheizen.

Für die Füllung den Schmand und den Frischkäse mit dem restlichen Zucker und dem Vanilleextrakt oder -sirup glatt rühren. Die Eier einzeln zugeben und zuletzt das Mehl und die Milch unterrühren. Die Füllung auf dem Teig verteilen und den Kuchen etwa 1 Stunde backen. Im Ofen bei geöffneter Tür auskühlen lassen, damit der Kuchen nicht reißt.

Die saure Sahne über den ausgekühlten Kuchen streichen und mehrere Stunden kalt stellen. Mit Erdbeerscheiben schuppenartig belegen oder mit Fruchtsaucen überziehen.

Für 12 Stücke
150 g Butterkekse oder Zwieback
350 g Zucker
1 Prise Zimt
60 g Butter
200 g Schmand
800 g Frischkäse
2 Tl Vanilleextrakt oder Vanillesirup
4 Eier
2 El Mehl
50 ml Milch
100 g saure Sahne
Erdbeeren oder Fruchtsaucen zur Dekoration
Fett für die Form

Zubereitungszeit 30 Minuten
(plus Back- und Kühlzeit)
Pro Stück ca. 504 kcal/2116 kJ
12 g E · 32 g F · 41 g KH

APFEL-HIMBEER-KUCHEN

PFLAUMENKUCHEN MIT INGWER

KIRSCHKUCHEN

BIRNENKUCHEN MIT CRANBERRIES

PFIRSICHKUCHEN

PEKANNUSSKUCHEN MIT AHORNSIRUP

Apple Pie

ganz Amerika

Für 12 Stücke
250 g Mehl
1 Tl Salz
190 g Kokosfett
1 Eiweiß
6–8 Äpfel*
2 El Zitronensaft*
2 El Ahornsirup*
100–150 g brauner Zucker*
1 El Speisestärke
1 Tl Zimt
je 1 Msp. gemahlene Muskatnuss und Nelkenpulver
2 El Butter
Fett für die Form

Zubereitungszeit 30 Minuten (plus Kühl- und Backzeit)
Pro Stück ca. 228 kcal/959 kJ
3 g E · 10 g F · 32 g KH

Apple Pie

Das Mehl mit Salz mischen und das Kokosfett stückchenweise untermischen, bis die Masse bröselig ist. Bei laufendem Rührgerät etwa 4 El Eiswasser zugeben, sodass die Streusel teigig werden.

Den Teig aus der Schüssel nehmen, zu zwei Platten formen und in Folie gewickelt mindestens 1 Stunde kühl stellen.

Anschließend eine Teigplatte etwas größer als die Form ausrollen, in die gefettete Springform (Ø 28 cm) legen und einen etwa 3 cm hohen Rand formen. Das Eiweiß mit etwas Wasser verquirlen und den Boden sowie die Ränder damit einstreichen. Die zweite Teigplatte in der Größe der Form ausrollen.

Den Backofen auf 225 °C (Umluft 200 °C) vorheizen. Die Äpfel schälen, vom Kerngehäuse befreien und in Spalten schneiden. In einer Schüssel mit dem Zitronensaft, dem Ahornsirup, Zucker, Speisestärke und Gewürzen mischen.

Die Füllung auf den Teig geben und mit einigen Butterflöckchen belegen. Die zweite Teigplatte darüber legen und gut festdrücken. Mit der restlichen Butter bestreichen. Einige Löcher zum Entweichen des Dampfes stechen. Etwa 10 Minuten backen, dann die Temperatur auf 180 °C (Umluft 160 °C) herunterschalten und den Kuchen weitere 40 bis 45 Minuten backen.

* Die mit einem Sternchen versehenen Zutaten können ausgetauscht werden. Gewürze und Kräuter je nach Belieben.

Möhrenkuchen

Maryland

Möhrenkuchen

Den Backofen auf 175 °C (Umluft 155 °C) vorheizen. 125 g Butter mit den Gewürzen und dem Zucker schaumig schlagen, die Eier nacheinander einrühren. Die Möhren und Nüsse unterheben.

Für 12 Stücke
165 g weiche Butter
1 Paket Vanillinzucker
je 1/2 Tl Zimt, gemahlene Muskatnuss und Nelkenpulver
225 g brauner Zucker
3 Eier
250 g geraspelte Möhren
50 g gemahlene Wal- oder Pecannüsse
100 g gemahlene Mandeln
175 g Mehl
50 g Stärkemehl
1 Päckchen Backpulver
1 Prise Salz
40 g Kokosfett
100 g Frischkäse
250 g Puderzucker
1–2 El Vanillesirup

Zubereitungszeit 25 Minuten (plus Backzeit)
Pro Stück ca. 514 kcal/2159 kJ
7 g E · 29 g F · 56 g KH

Zuletzt die Mandeln, das Mehl, die Speisestärke sowie das Backpulver und Salz unter den Teig rühren.

Eine Springform (Ø 26 cm) einfetten, den Teig hineinfüllen, glatt streichen und im Ofen etwa 45 Minuten backen.

Für den Überzug die restliche Butter mit dem Kokosfett und dem Frischkäse verrühren, den Puderzucker dazusieben. Alles gut mit dem Vanillesirup verrühren und den ausgekühlten Karottenkuchen damit (= Cream Cheese Frosting) bestreichen.

Keine Angst – Carrot Cake schmeckt nicht nach Möhren, sondern wie ein saftiger Gewürzkuchen! Und genau wie dieser hält er sich sehr gut einige Tage lang, wenn Sie ihn luftdicht aufbewahren oder mit Folie abdecken.

Probieren Sie das Rezept auch einmal mit feinst gewürfelten Äpfeln oder geraspelten Zucchini. Zu beiden Variationen passt das typische, vanillige Cream Cheese Frosting. Dieser Frischkäse-Aufstrich wird übrigens nicht ganz fest, sondern bleibt cremig-weich.

Gooey rolls (klebrige Brötchen) ist ein weiterer Name für diese Süßigkeit, die gern zum Frühstück oder Brunch serviert wird. Wer gerne Nüsse mag, vermischt gehackte Pecan- oder Walnüsse mit dem Zimtzucker – auch Rosinen schmecken. Da die Karamellbrötchen eine eher mächtige Angelegenheit sind, können Sie die Teigportionen auch in kleinere Rollen formen und dann Brötchen davon abschneiden. Die einzelnen Scheiben dürfen nur nicht zu flach sein.

Karamellbrötchen

Minneapolis

Für 6 Stücke	
2 Päckchen (à 450 g) Fertigteig für Weißbrot (TK)	
oder ca. 900 g Teig für 6 Brötchen	
125 g Butter	
270 g brauner Zucker	
125 g Sahne	
125 g Zucker	
1 Tl gemahlener Zimt	

Zubereitungszeit 30 Minuten
(plus Zeit zum Gehen und Backen)
Pro Stück ca. 851 kcal / 3574 kJ
11 g E · 39 g F · 11 g KH

Karamellbrötchen

Den Teig auftauen lassen. Die Butter mit dem braunen Zucker und der Sahne in einem Topf verrühren und erhitzen. Den Zucker mit dem Zimt mischen.

Die Hälfte der Zucker-Sahne-Mischung in eine Backform (30 x 21 cm) geben. Ein Teigstück ausrollen (etwa 35 x 12 cm), mit der Hälfte des Zimtzuckers bestreuen und von der schmalen Seite her aufrollen. In 3 Stücke teilen, in die Form legen und abgedeckt 1 Stunde gehen lassen. Den zweiten Brotteig ebenso behandeln.

Den Backofen auf 180 °C (Umluft 160 °C) vorheizen.

Die Brötchen im Ofen auf der mittleren Schiene etwa 15 Minuten backen. Danach weitere 20 Minuten in der Form abkühlen lassen. Vorsichtig stürzen (sehr flüssig) und bis zum Servieren warm halten.

WORLD'S HOTTEST
HOT SAUCE
FIRE
SAUCE
PRICE

Süßkartoffelkuchen

Die Süßkartoffeln waschen und in wenig gesalzenem Wasser in etwa 20 Minuten garen. Dann abgießen und abkühlen lassen. Die Kartoffeln anschließend schälen und pürieren.

Den Teig vorbereiten wie auf Seite 246/247 beschrieben, ausrollen und in eine gefettete Springform legen. Die Form mit Folie abdecken und etwa 30 Minuten kalt stellen. Den Backofen auf 200 °C (Umluft 180 °C) vorheizen.

Das Süßkartoffelpüree mit den restlichen Zutaten verrühren, den Belag auf dem Teig verteilen und am Rand mit den Nusshälften verzieren.

Im Ofen etwa 45 Minuten backen, bis bei der Stäbchenprobe keine Füllung mehr hängen bleibt. Den Kuchen aus der Form nehmen und abkühlen lassen. Mit geschlagener Sahne servieren.

Süßkartoffelkuchen Südstaaten

Für 12 Stücke
300 g Süßkartoffeln
1 klassischer Kuchenteig (siehe Apple Pie Seite 246)
125 g Zucker
½ Tl Salz
1 Prise gemahlene Muskatnuss
2 Eier
125 g Hüttenkäse
3 El Milch
1 El Butter
12 Walnusshälften
Fett für die Form

Zubereitungszeit 40 Minuten
(plus Ruhe-, Gar- und Backzeit)
Pro Stück ca. 141 kcal/592 kJ
4 g E · 8 g F · 11 g KH

Heiße Schokolade

Für 4 Portionen
160 g Zartbitterschokolade (mindestens 80 % Kakaoanteil)
3 El brauner Zucker
½ Tl gemahlener Zimt
1 l Vollmilch

Zubereitungszeit 20 Minuten (plus Kochzeit)
Pro Portion ca. 378 kcal/1586 kJ
11 g E · 22 g F · 34 g KH

Heiße Schokolade
Die Schokolade in kleine Stücke brechen und mit Zucker, Zimt und 100 ml Milch in einen Topf geben.

Bei mittlerer Temperatur unter Rühren schmelzen und so lange rühren, bis eine glatte Paste entstanden ist, die keine Klümpchen mehr enthält.

Die restliche Milch zugießen, erhitzen und gut mit der Schokoladenpaste verrühren.

Die heiße Schokolade in vier große Becher gießen und mit einem Klecks Sahne und leckeren Erdnusskeksen servieren.

Rezeptverzeichnis

Bezugsquellennachweis

Die Weine aus diesem Buch können Sie direkt beim Hanseatischen Wein- und Sektkontor bestellen

(Die Preise in Klammern geben den Literpreis an)

Seite 40 – 41
2003 Château Pierrail
Bordeaux Supérieur
Frankreich
Best. Nr.: 382286, € 10,90 (14,53)

Seite 50 – 51
2003 Sauternes A.C.
Carmes de Rieussec
Frankreich
Best. Nr.: 545638, € 24,90 (33,20)

Seite 54 – 55
2006 L & T
Grüner Veltliner, Kamptal
Österreich
Best. Nr.: 813317, € 8,90 (11,87)

Seite 62 – 63
2006 Barons de Rothschild (Lafite)
Bordeaux A.C., Blanc
Frankreich
Best. Nr.: 249114, € 9,50 (12,67)

Seite 66 – 67
2006 Villa Antinori
Bianco di Toscana I.G.T.
Italien
Best. Nr.: 915845, € 7,90 (10,53)

Seite 94 – 95
2006 Gewürztraminer
Weingut St. Annagut
Deutschland
Best. Nr.: 712589, € 7,90 (10,53)

Seite 106 – 107
2006 Gysler
Weißburgunder,
Rheinhessen, Trocken
Deutschland
Best. Nr.: 180798, € 5,90 (7,87)

Seite 110 – 111
2004 Zenato
Valpolicella Superiore
D.O.C.
Italien
Best. Nr.: 826362, € 6,90 (9,20)

Seite 144 – 145
2006 Los Vascos
Sauvignon Blanc,
Chile
Best. Nr.: 798207, € 7,90 (10,53)

Seite 158 – 159
2005 Aussières Rouge
Cabernet Sauvignon,
Frankreich
Best. Nr.: 402400, € 9,90 (13,20)

Seite 162 – 163
2002 Two Vines
Merlot-Cabernet,
USA
Best. Nr.: 261045, € 9,90 (13,20)

Seite 164 – 165
2005 Beringer
Zinfandel, Kalifornien
USA
Best. Nr.: 235648, € 6,90 (9,20)

Seite 166 – 167
2005 Königschaffhauser Vulkanfelsen
Spätburgunder,
Deutschland
Best. Nr.: 849654, € 6,90 (9,20)

Seite 172 – 173
1998 Castillo Ygay
Rioja D.O.Ca.,
Gran Reserva Especial
Spanien
Best. Nr.: 271961, € 33,- (44,-)

Seite 174 – 175
2006 Porcupine Ridge
Syrah
Südafrika
Best. Nr.: 762744, € 9,90 (13,20)

Seite 178 – 179
2005 Sabazio
Rosso di Montepulciano
D.O.C.
Italien
Best. Nr.: 998817, € 9,90 (13,20)

Seite 184 – 185
2005 Esser Vineyards
Merlot, Kalifornien
USA
Best. Nr.: 956314, € 9,90 (13,20)

Seite 186 – 187
2004 Château La Fleur
St. Emilion Grand Cru
A.C.
Frankreich
Best. Nr.: 152519, € 29,90 (39,87)

Seite 194 – 195
2005 Château de Maligny
Chablis 1er Cru A.C.
Frankreich
Best. Nr.: 237781, € 19,50 (26,-)

Seite 198 – 199
2005 Esser Vineyards
Chardonnay, Kalifornien
USA
Best. Nr.: 194298, € 8,90 (11,87)

Seite 200 – 201
2001 Capellania
Rioja D.O.Ca.
Spanien
Best. Nr.: 564239, € 14,90 (19,87)

Seite 206 – 207
2006 Première de Loire
Sauvignon, Touraine A.C.
Frankreich
Best. Nr.: 382271, € 5,90 (7,87)

Seite 210 – 211
2006 Laroche Vieilles Vignes
Chablis A.C.
Frankreich
Best. Nr.: 199131, € 13,90 (18,53)

Hanseatisches Wein & Sekt Kontor * Hawesko GmbH • 20243 Hamburg
Tel.: 04122-504433 • Fax.: 04122-504477 • bestellung@hawesko.de • www.hawesko.de

Hanseatisches Wein & Sekt Kontor